AF458201

LES VIES
DES
FEMMES ILLUSTRES
DE LA FRANCE.

Soutenez vos droits au bon sens, & montrez aux Hommes que la raison n'est pas faite pour eux seuls.
Tiré d'une Piéce de vers Anglois.

TOME SECOND.

A PARIS,

Chez { DUCHESNE, Libraire, rue S. Jacques, au-dessous de la Fontaine S. Benoît, au Temple du Goût.
MOREL le jeune, Libraire, au Grand Cyrus, Grand' Sale du Palais.
L'Auteur, rue de Grenelle-Saint-Honoré, chez Monsieur Cumene, Boursier. }

M. DCC. LXII.

Avec Approbation & Privilége du Roi.

LES VIES
DES
FEMMES ILLUSTRES.

MARIE-MARGUERITE D'AUBRAY, *MARQUISE* DE BRINVILLIERS.

UISQUE l'Hiſtoire donne un rang diſtingué dans ſes faſtes aux grands ſcélérats, la Marquiſe de Brinvilliers y peut diſputer un des premiers. Elle s'eſt diſtinguée par les crimes les plus noirs, & tels qu'ils font frémir ceux qui ſont le plus accoutumés à en commettre. Elle étoit fille

de M. Dreux d'Aubray, Lieutenant civil
à Paris, il lui donna pour dot deux cens
1651. mille livres qu'elle porta au Marquis de
Brinvilliers, fils de M. Gobelin, Préſident en la Chambre des Comptes. Ils
étoient en état par ce mariage de ſoutenir leur rang, puiſque le Marquis qui
étoit Meſtre-de-Camp du Régiment de
Normandie, jouiſſoit de trente mille
livres de rente. Qu'avoit à déſirer après
cela un homme qui trouvoit une jolie
femme? Elle avoit toutes les graces de
ſon ſexe, excepté qu'elle n'avoit qu'une
taille médiocre : elle avoit une phyſio-
nomie des plus avantageuſes, & qui an-
nonçoit une femme vertueuſe; mais elle
trompa bien. Son mari ne ſongea à jouir
d'elle qu'en militaire, peu ſuſceptible
de jalouſie; il introduiſit dans ſa maiſon un bâtard d'une illuſtre famille, qui
prenoit le nom de Sainte-Croix, & qui
étoit Capitaine de Cavalerie. C'étoit un
homme qui, ſous de beaux dehors, ca-

choit l'ame la plus noire. Il ne parut d'abord dans la maison du Marquis de Brinvilliers que sous le titre d'ami : bientôt il fut celui de la femme, & son amant des plus passionnés. L'amour fut réciproque, & ces deux personnes, dont le caractere simpathisoit fort, n'eurent plus, pour ainsi dire, qu'une même ame, mais pétrie de crimes. Le mari qui vivoit en toute liberté en laissa une pareille à sa femme; en sorte qu'il n'eut aucune connoissance des démarches de Ste-Croix, ou du moins il n'en fut instruit que le dernier. Peut-être étoit-il persuadé que le personnage de censeur ne lui convenoit pas, & qu'il y a des choses qu'il faut toujours prudemment ignorer. Malgré son opulence, sa mauvaise conduite dérangea tellement ses affaires, que la Marquise se pourvut en séparation de biens; elle l'obtint : ce qu'elle aima d'autant plus, que ce fut un prétexte pour elle pour achever de secouer le joug. Alors nos

Amans ne gardèrent plus de meſure, & le Public ne tarda pas d'être inſtruit de leur commerce. Le mari n'y apporta aucun obſtacle; mais M. d'Aubray, père de la Dame, ne fut pas auſſi tranquille; malheureuſement, car juſqu'alors nos Amans n'avoient nui qu'à eux-mêmes: on verra la ſuite des démarches du père, & que l'inſenſibilité du mari étoit prudence. Le Lieutenant civil obtint un ordre du Roi pour faire enfermer Sainte-Croix; il le fit arrêter étant dans le caroſſe de la Marquiſe, & conduire à la Baſtille. Il y reſta un an. Il eût fallu qu'il n'y fût jamais entré, ou qu'il n'en fût jamais ſorti. Il fit connoiſſance dans ſa priſon d'un Italien nommé Exili, fameux artiſte de poiſon. Sainte-Croix par curioſité apprit ſa ſcience, dans la ſuite il en fit un uſage des plus funeſte à la ſociété. Etant tous deux ſortis de priſon, Sainte-Croix retira chez lui Exili, pour apprendre & ſe perfectionner dans le métier. La priſon n'avoit fait qu'irriter la paſſion de nos Amans, l'abſence l'avoit nourrie; dès qu'elle n'eſt pas volontaire, rien n'eſt plus efficace. Sitôt que Sainte-Croix fut libre, il vola dans les bras de la Marquiſe, qui les lui ouvrit. Mais la diſgrace les rendit plus circonſpects, ils pensèrent que le bonheur de deux Amans ne conſiſte pas dans l'éclat: ils tâchèrent de ſauver les apparences. Pour mieux tromper; la Marquiſe ſe réconcilia avec celui qui lui avoit enlevé ſon Amant. Sainte-Croix ne tarda pas à lui confier les ſecrets de ſon art pernicieux. Loin d'être effrayée en entendant les horribles effets de ces découvertes, elle n'écouta que les conſeils de la vengeance; la cupidité s'étant mis de la partie, elle étouffa en eux tout ſentiment d'humanité: pourvu qu'ils ſe vengeaſſent & qu'ils s'enrichiſſent, ils euſſent empoiſonné tout l'Univers. La Marquiſe ne ſongea à rien moins qu'à faire périr ſon père & toute ſa famille, afin de ſe trouver maîtreſſe de tous ſes biens. Sainte-Croix conſentit volontiers à partager l'horreur de ſes crimes, eſpérant avoir part à l'héritage. Ce fut lui qui compoſa les poiſons, la Marquiſe en fit les eſſais: qui croiroit qu'elle pouſſa la ſcélérateſſe juſqu'au point de faire des biſcuits empoiſonnés, qu'elle portoit à l'Hôtel-Dieu, & qu'elle y veilloit attentivement à l'effet qu'ils produiſoient ſur les pauvres malades? « Elle empoiſonnoit, dit Mᵉ de Sévigné, des tourtes de pigeonneaux, » dont pluſieurs mouroïent qu'elle n'avoit pas deſſein de tuer, le Chevalier » du Guet avoit été de ces jolis repas, » & s'en meurt depuis deux ou trois » ans. » Elle fit un eſſai ſur ſa femme de Chambre, à qui elle donna une tranche de jambon; elle n'en mourut pas cependant, mais elle en fut très-malade. Le Lieutenant civil ne fut pas ſi heureux; mais par prédilection la Marquiſe lui donna du meilleur. Elle mit le poiſon dans un bouillon qu'elle lui préſenta à Offemont, ſa maiſon de campagne; & conſomma ce crime avec tant de ſang froid, qu'elle ſçut écarter tous les ſoupçons qui pouvoient naître des effets ſubits d'un bouillon : après avoir langui quelque tems il mourut, & l'on ne ſongea point à découvrir la cauſe de cette mort; ce qui l'enhardit à faire un pareil eſſai ſur ſon frère aîné, qui ſucceda à ſon père : eſſai auſſi funeſte. Pour le faire elle ſe ſervit d'un domeſtique nommé Lachauſſée, qui avoit été laquais de Sainte-Croix; on cacha cette dernière circonſtance pour le faire entrer à ſon ſervice. Il eut, ainſi que ceux qui l'emploioient, l'art de ſi bien compoſer ſes démarches, qu'on ne le ſoupçonna jamais, quoiqu'il ait tenté pluſieurs fois. D'abord il l'empoiſonna en lui donnant à boire; mais le poiſon rendit le vin ſi amer, que le nouveau Lieutenant civil n'acheva pas de boire. Lachauſſée en fut quitte pour

dire qu'il n'avoit pas fait attention que
le valet de chambre avoit prit une médecine dans ce vase. En 1670 ayant été
dans une maison de campagne, il fut
de nouveau empoisonné avec son frère,
Conseiller au Parlement : six personnes
le furent avec eux, parce qu'ils mangè-
rent de la tourte empoisonnée. Le Lieutenant civil qui en mangea plus que les
autres, ou qui étoit plus foible, en mourut deux mois après, étant devenu éti-
27 Juin. que. On l'ouvrit, & on reconnut l'effet
du poison : on en soupçonna si peu l'auteur, que le Conseiller attaqué de la
même maladie, & qui survécut de six
semaines à son frère, laissa à Lachaussée
cent écus, quoique l'ouverture de son
corps convainquît de nouveau que le
poison causoit sa mort. On ne sçut à qui
l'attribuer, cependant il eût été facile de
soupçonner la Marquise. S'étant un jour
enivrée, elle montra à une femme une
boëte, en lui disant : il y a là-dedans
bien des successions, la femme qui étoit

fille d'Apothicaire, reconnut aisément du sublimé. Lorsque les vapeurs du vin furent appaisées, la Marquise se rappella son imprudence, elle dit qu'elle avoit parlé en l'air; néanmoins elle dit à cette femme qu'en cas de mort, elle la chargeoit de jetter la boëte dans le feu. Lorsqu'elle étoit un peu animée, ou qu'elle entendoit quelqu'un se plaindre d'autrui, il lui étoit bien de fois échappé ce bon mot, qui lui étoit favori : Quand un homme déplaît, faut lui donner un coup de pistolet dans un bouillon : mais il y a des choses si noires, qu'il faut les appeller par leur nom pour les faire connoître.

Son mari, comme on peut aisément croire, fut aussi une des victimes qu'elle immola; mais comme ce n'étoit que parce qu'elle vouloit épouser Sainte-Croix, & que Sainte-Croix ne vouloit pas, dit Madame de Sévigné, d'une femme aussi méchante que lui, il avoit soin de donner du contre-poison au mari; Let. 270.

de ſorte qu'ayant été baloté de cette ſorte, tantôt empoiſonné, tantôt déſempoiſonné, il eſt demeuré enfin en vie. Mais ce ne fut que parce que le ciel mit fin aux crimes de cette ſcélérate ſans modèle; jamais femme n'en a tant commis, elle ſçut ſi bien les déguiſer, qu'on n'a pu l'en convaincre d'aucun; s'ils euſſent été d'une autre nature, elle eût échappé à la Juſtice. Dieu ſeul, au reſte, a pu connoître tous ceux qu'elle a commis; car on mouroit empoiſonné ſans qu'il y en eût aucun indice. Elle avoit tellement perfectionné ſon art, que les Médecins les plus experts avouèrent leur ignorance, lorſqu'ils ſoumirent le poiſon aux recherches de la Chymie. Sainte-Croix chaque jour le perfectionnoit, mais il en fut lui-même la victime: voici comment. Un jour qu'il travailloit, le maſque de verre qu'il avoit pour ſe garantir des vapeurs des drogues qu'il employoit, étant tombé, il fut aussitôt étouffé. Comme personne ne se présentoit pour recueillir la succession, le Commissaire se transporta dans son appartement pour y mettre le scellé. Il ne paroît pas qu'on ait fait aucune attention au genre de sa mort; ce qui découvrit ses pernicieux secrets, fut une cassette dans laquelle on trouva ce billet. « Je supplie très-humblement » ceux ou celles entre les mains de qui » tombera cette cassette, de me faire la » grace de vouloir la rendre en main » propre à Madame la Marquise de » Brinvilliers, demeurant rue neuve S. » Paul, attendu que tout ce qu'elle con- » tient la regarde.... Et en cas qu'elle » fût plutôt morte que moi, de la brû- » ler & tout ce qu'il y a dedans, sans » rien ouvrir ni innover : & afin qu'on » n'en prétende cause d'ignorance, je » jure sur le Dieu que j'adore, & tout » ce qu'il y a de plus sacré, qu'on n'im- » pose rien qui ne soit véritable; & si

» d'avanture l'on contrevient à mes in-
» tentions, toutes justes & raisonnables
» en ce chef, j'en charge en ce monde
» & en l'autre leur conscience pour la
» décharge de la mienne, protestant que
» c'est ma dernière volonté. Fait à Paris
» ce 22 Mai 1672. *Signé* DE SAINTE-
» CROIX. » *Il y avoit au bas :* Paquet
» adressé à M. Pénautier qu'il faut rendre.
C'étoit le Receveur général du Clergé.

Ce billet ne fit que piquer la curiosité du Commissaire, d'autant que treize paquets qui s'y trouvoient étoient cachetés avec beaucoup de soin, il y avoit jusqu'à huit cachets sur chaque : on lisoit presque sur tous : papiers à brûler, le tout sans ouvrir le paquet. Il y avoit dans un de ces paquets jusqu'à 75 livres de sublimé, les autres renfermoient des poisons de toute espèce. Voici le jugement qu'en portèrent les Médecins. « Le poison de Sainte-Croix
» a passé par toutes les épreuves, il sur-

» monte l'art & la capacité des Méde-
» cins, il ſe joue de toutes les expé-
» riences. Ce poiſon nage ſur l'eau, il
» eſt ſupérieur, & fait obéir cet élé-
» ment, il ſe ſauve de l'expérience du
» feu, où il ne laiſſe qu'une matière
» douce & innocente : dans les animaux
» il ſe cache avec tant d'art & d'adreſſe
» qu'on ne le peut connoître, toutes les
» parties de l'animal ſont ſaines & vi-
» vantes, dans le même tems qu'il fait
» couler une ſource de mort. Ce poiſon
» artificieux y laiſſe l'image & les mar-
» ques de la vie. » Ainſi le Rapporteur du procès eut raiſon de dire, après avoir rapporté l'inventaire de cette caſſette : La voilà cette épouventable caſſette plus funeſte dans Paris, où le nombre des méchans eſt grand, que les gouffres de feu & de flammes ne le ſont au pays qui les environnent. Comme Sainte-Croix avoit voulu s'aſſurer le fruit de ſes crimes, il avoit exigé de Madame

de Brinvilliers une promeſſe de trente mille livres qu'on trouva dans la caſſette, avec pluſieurs lettres des plus paſſionnées : ce qui l'allarma fort dès qu'elle apprit qu'on avoit mis le ſcellé chez ſon Amant. N'ayant pu par ſéduction retirer la caſſette, & ſçachant que Ste-Croix avoit appris qu'elle lui appartenoit, elle ſongea à pourvoir à ſa sûreté. Ses parens l'ayant aidée, elle paſſa ſurement en pays étrangers, laiſſant une procuration à un Procureur, pour qu'il fût déclarer qu'au cas qu'on trouvât la promeſſe de trente mille livres qu'on la lui avoit ſurpriſe, & qu'il la fit déclarer nulle.

La Marquiſe eût joui tranquillement du fruit de ſes crimes inconnus aux hommes, ſi Lachauſſée n'eût eu l'imprudence d'aller faire oppoſition au ſcellé, pour qu'on lui remît deux cens piſtoles, cent écus blancs, & d'autres choſes qu'il avoit mis entre les mains de Sainte-Croix qu'il avoit ſervi ſept ans.

Cette dernière circonſtance fit que Madame Villarceau, veuve du Lieutenant civil, fixa ſes ſoupçons ſur ce domeſtique. On l'arrêta, on inſtruiſit ſon procès à la requête de la Dame, & bientôt on trouva aſſez de preuves pour le condamner à être roué vif : ce qui fut exécuté. Avant ſa mort il déclara que Sainte-Croix lui avoit dit qu'il avoit reçu le poiſon de la Marquiſe de Brinvilliers, qui le lui avoit donné pour empoiſonner ſes frères ; & qu'elle n'ignoroit pas ces empoiſonnemens, quoique Sainte-Croix depuis lui eût dit, que cela ſe faiſoit à l'inſçu de la Marquiſe. Cette confeſſion, ſa fuite & ce qu'on avoit trouvé chez Sainte-Croix, perſuadèrent que la Marquiſe étoit coupable, d'autant que parmi les lettres, on avoit trouvé celle-ci qui faiſoit preuve qu'elle connoiſſoit l'uſage des drogues de Sainte-Croix. « J'ai trouvé à » propos de mettre fin à ma vie, pour » cet effet j'ai pris ce ſoir de ce que

» vous m'avez donné si cherement : c'est » de la recette de Glazer, & vous verrez par-là que je vous sacrifie volontiers ma vie ; mais je ne vous promets pas avant de mourir, que je ne » vous attende en quelque lieu, pour » vous dire le dernier adieu. » Sans doute que réflexion faite elle changea d'avis, ou bien qu'elle prit du contre-poison ; car elle poussa l'héroïsme jusqu'à faire sur elle-même des essais, après cela faut-il être étonné qu'elle épargnât si peu les autres : d'ailleurs cette lettre fit connoître encore une espèce de complices : c'étoit Glazer, Apothicaire, qui avoit fourni les drogues ; il fut néanmoins, quoiqu'avec peine, absous : ses dépositions sans doute confirmèrent que la Marquise & Sainte-Croix faisoient usage de leur art ; aussi fut-elle condamnée par contumace à avoir la tête tranchée : peut-être s'en moqua-t-elle, parce qu'elle étoit à Liège, où elle se croyoit en sûreté, ignorant qu'il n'y en a dans aucun pays pour les empoisonneurs. Aussi dès que le Conseil de Liège eut pris connoissance de la procédure qu'on lui communiqua, il permit de l'arrêter dans le Couvent où elle s'étoit retirée. On avoit envoyé pour la saisir Dégrais, Exempt, & le courtayaut de son siècle, mais dont la fortune a été moins brillante. Comme le peuple de Liège lui auroit enlevé sa proie, sans respect pour l'étranger & l'ordre qu'il avoit, il eut recours à la ruse. Il se déguisa en Abbé. Comme Français il fut lui rendre visite. Il demanda permission de la renouveller, on lui permit. M. l'Abbé fit le doucereux; & comme des gens qui n'ont point de caractère prennent aisément tous ceux qui conviennent aux circonstances, le galant se montra sur le pied d'amant, & après bien des visites, il obtint d'elle de sortir de la ville pour faire une partie de promenade. Elle trouva alors plus de Français qu'elle ne vouloit, & une compagnie fort désagréable, lorsqu'elle vit qu'elle n'avoit pour amant qu'un Exempt. Aussitôt il la fit partir sous l'escorte des archers, & se rendit au Couvent pour y chercher quelques preuves de ses crimes. Il y trouva une cassette dans laquelle étoit un cahier de seize feuilles, qui contenoit une confession générale de toutes les actions de la vie de la Marquise. Elle s'y accusoit d'avoir cessé d'être fille dès l'âge de sept ans, d'avoir fait mettre le feu à une maison, d'avoir empoisonné son père, ses frères, un de ses enfans, & de s'être empoisonnée elle-même; car elle craignoit sans doute d'oublier en confession si elle ne les écrivoit, ces admirables peccadilles. Elle fit la sottise de la reconnoître pour la sienne : pendant que Dégrais faisoit cette découverte, elle continuoit fort tristement son chemin. Car dès qu'elle fut arrêtée, tous ses crimes se présentèrent à ſon imagination, & lui firent craindre le plus horrible ſupplice. Néanmoins elle ne s'oublioit pas. Elle chercha à gagner un archer qui la trahit, car il remit les lettres qu'elle lui donna pour avertir un nommé Théria de venir l'enlever, & ſurtout la caſſette. Malgré cela Théria ſe trouva à Maſtricht, & offrit mille piſtoles aux archers, s'ils vouloient la ſauver. Mais il étoit bien ſot, avec cette ſomme de ne pas raſſembler vingt hommes qui l'auroient facilement enlevée des mains de huit gardes, ſurtout dans un pays étranger. Heureuſement qu'il n'eut pas cette ſalutaire penſée. Elle arriva à Rocroi en ſûreté, le Roi y envoya un Conſeiller de la Grand'Chambre pour l'interroger, ne voulant pas attendre qu'elle fût à Paris, parce que toute la Robe étoit alliée à cette ſcélérate. Elle prit le parti de tout nier. Lorſqu'elle fut arrivée à la Conciergerie, on intercepta une lettre qu'elle envoyoit à Pénautier, où, comme amie, elle lui exposoit le danger où elle étoit de périr, quoiqu'elle nieroit & dissimuleroit tout : elle lui demandoit avis, & le prioit de lui ménager la protection de ses amis. Mais il en eut besoin pour lui-même, car une pareille confidence le mit dans le dernier embarras. On l'arrêta, on l'enferma dans le cachot de Ravaillac. « Il y mouroit, dit Madame de Sévigné; » on l'a ôté, il a de grands protecteurs, » l'Archevêque de Paris & M. Colbert » le soutiennent.... Vous le verrez sor» tir, mais sans être justifié dans l'es» prit de tout le monde. » Elle prédit vrai; car malgré le secret qu'on garda peut-être, parce qu'on ne put rien dire, on ne put s'imaginer qu'un homme qui avoit liaison avec une telle femme fût innocent, surtout en pensant qu'il y avoit eu pour lui un paquet chez Sainte-Croix. Mais il faut dire que Pénautier étoit l'homme le plus obligeant qu'on pût trouver en France, il a pu ignorer tous les crimes de la Marquiſe de Brinvilliers; ou s'il les a ſçus, ce n'a été que comme ami, ſous la religion du ſecret, & qu'il n'a pas cru devoir abandonner une malheureuſe, tout indigne qu'elle fût de trouver des ſecours. Il y eut toujours de ſa part au moins de l'imprudence; il riſqua beaucoup. Il paya bien ſa faute. Il y eut un grand préjugé contre lui, c'eſt qu'il étoit riche, en ce cas on croit qu'il doit plutôt ſon abſolution à ſa cauſe, qu'à ſon innoçence. Quoi qu'il en ſoit, la Marquiſe le paya de retour, car elle ne fut pas moins bonne amie. Elle ne le chargea nullement. Il fallut bien de la prudence; car ayant été en commerce dix-huit ans avec Sainte-Croix, il falloit dire bien peu, qui ne fît penſer beaucoup. Lorſqu'on le lui confronta, elle ne put retenir ſes larmes. Pénautier fit une auſſi triſte figure; tout ce qu'on put juger, c'eſt que leur état leur faiſoit peine à tous deux. Ils s'étoient ſurement vu en une plus heureuſe ſituation. C'eſt le ſeul endroit louable de ſa vie. Elle ne cacha point ſes crimes; mais elle ne chargea perſonne : il n'y eut même que Pénautier qui fut inquiété. Cette morale ne plaira peut-être pas à ceux qui penſent qu'il faut toujours s'excuſer ſur des complices : mais il y a une diſtinction à faire, il faut décéler un complice qui continue ſes crimes; mais je trouve que c'eſt générosité de ne point faire inquiéter un homme dont le cœur eſt innocent, mais dont la conduite ne le ſeroit pas aux yeux des Juges. « Elle avoit, dit la Marquiſe de Sévigné, deux Confeſſeurs, » l'un diſoit qu'il falloit tout dire, & » l'autre non : elle rioit de cette diverſité; je puis donc faire, dit-elle, en » conſcience tout ce qu'il me plaira. » Ainſi je n'ai fait qu'expoſer l'avis du Docteur, qui lui dit que rien ne l'obligeoit d'accuſer autrui. Malgré tous ſes crimes, elle espéroit avoir sa grace. Son mari la sollicita pour cette chère moitié, quoique fort chagrin & fort confus d'en avoir une pareille. Les Juges la lui firent entrevoir jusqu'au dernier moment. En effet la preuve de ces crimes manquoit; mais ils étoient d'une telle nature, qu'on regarda sa confession manuscrite pour un aveu : car quoiqu'elle eût mis au commencement : *Je me confesse à Dieu tout-puissant & à vous mon Père;* ce n'est point porter atteinte au secret inviolable de la confession, parce que la Loi n'est pas la même pour le Confesseur, comme pour le Particulier. On puniroit l'un s'il la reveloit : mais il n'y a aucune peine contre celui qui ayant trouvé une confession par écrit, la divulgueroit. Un Juge ne fait aucune attention au titre : la confession qu'on fait à un Prêtre est différente de celle qu'on fait à un Juge; celui-ci peut fort bien s'en servir contre le coupable : j'ai vu une perſonne entre les mains de la Juſtice ſur une lettre qu'elle perdit, & qui contenoit une partie de ſa confeſſion, & [illegible] Prêtre priſonnier, pour qu'il eût à [illegible]ire pour qui étoit la réponſe qui faiſoit mention du crime : il s'excuſa envain, en diſant qu'il ne le ſçavoit que ſous le ſceau de la confeſſion. L'homme public le jugea ſur ſa lettre, & s'en tint à ce que le papier apprenoit. Le pauvre malheureux a reſté plus de cinq ans priſonnier, aucun de ſes Supérieurs eccléſiaſtiques n'a pris ſa défenſe, & n'a ſoutenu avec lui qu'il ne dût pas révéler ce qu'il avoit rendu public, quoique ce ne fût pas ſon intention, & que ce fût le pénitent qui eût perdu la lettre.

Les Juges de la Brinvilliers n'eurent aucun égard au Factum que Nivelle fit, pour prouver que la confeſſion de la Marquiſe ne devoit & ne pouvoit faire preuve contr'elle : on la joignit au teſtament de mort de Lachauſſée, aux conjectures qu'on tiroit

tiroit de sa fuite, de s'être laisser contumacer, & aux demies-confessions qui lui étoient échappées; & en conséquence on l'a condamna, & ce ne fut pas injustement, à avoir la tête tranchée ensuite à être brûlée : à faire avant amende honorable, & à être appliquée à la question. Elle écouta son arrêt sans frayeur & sans foiblesse; seulement sur la fin elle fit recommencer, disant : *Ce tombereau m'a d'abord frappée, j'en ai perdu l'attention pour le reste.* Pendant sa prison elle avoit montré assez de constance; un jour elle demanda à faire une partie de piquet pour se désennuyer, disoit-elle. Néanmoins elle passoit de fort mauvais quart-d'heure, car elle chercha deux ou trois fois à se tuer. Si on ne fût venu à son secours, elle se fût empalée, non à la Turque. Comme elle voulut se tuer sans le pouvoir, Caumartin, dit Madame de Sévigné, a dit une grande folie sur ce bâton : c'est comme Mithridate, vous sçavez de quelle sorte Let. 271.

il s'étoit accoutumé au poiſon; il n'eſt pas beſoin de vous conduire plus loin dans cette application.

Lorſqu'elle entra dans la chambre de la queſtion voyant trois ſeaux d'eau, elle dit tranquillement : *C'eſt aſſurément pour me noyer; car de la taille dont je ſuis, on ne prétend pas que je boive tout cela.* On ne fit que la lui montrer, & de bonne grace elle fit la confeſſion de ſa vie encore plus horrible qu'on ne penſoit. Elle demanda enſuite à parler au Procureur général, avec qui elle eut une converſation d'une heure. On n'en ſçut pas le ſujet : voyant le moment de ſa mort approcher, elle tâcha d'appaiſer la colère du ciel par un ſincère repentir. M. Pirot, Docteur, entre les mains de qui on la mit, dit que pendant les vingt-quatre dernières heures de ſa vie, elle fut ſi pénetrée de douleur, ſi bien convertie & ſi éclairée des lumières de la grace, qu'il auroit ſouhaité être en ſa

place. Que ne pouvant obtenir la ſainte Communion, elle avoit demandé du pain beni, ainſi qu'on l'avoit donné au Maréchal de Marillac ſon parent, dans une pareille circonſtance. Comme on lui refuſa cette grace, il lui dit d'expier ſes crimes, non ſeulement par la privation de l'Euchariſtie, mais même par la privation de la figure de ce Sacrement. Quoiqu'elle montrât juſqu'au dernier moment beaucoup de réſolution, elle parut ſi contrite, & mourut avec tant de ferveur, que cette célèbre criminelle trouva le ſecret d'exciter en ſa faveur la compaſſion publique. On la plaignit en voyant tomber ſa tête : ce fut le 16 de Juillet 1676 vers les ſept heures du ſoir. Voici ce que dit Madame de Sévigné.
» Vers les ſix heures, on la menée nue Let. 297.
» en chemiſe la corde au col à Notre-
» Dame faire amende honorable, &
» puis on la remiſe dans le même tom-
» bereau, où je l'ai vue jettée à recu-

» lons ſur de la paille, avec une cor-
» nette baſſe & en chemiſe, un Docteur
» auprès d'elle, le bourreau de l'autre
» côté. En vérité cela m'a fait frémir.
» Ceux qui ont vu l'exécution, diſent
» qu'elle a monté avec bien du coura-
» ge; pour moi j'étois ſur le pont No-
» tre-Dame avec la bonne Deſcars: ja-
» mais il ne s'eſt vu tant de monde, ni
» Paris ſi ému & ſi attentif. Demandez-
» moi ce qu'on a vu? Pour moi je n'ai vu
» qu'une cornette.... Elle dit à ſon Con-
» feſſeur en chemin de faire mettre le
» bourreau devant elle, afin de ne pas
» voir, dit-elle, ce coquin de Deſgrais qui
» m'as priſe. Son Confeſſeur la reprit de
» ce ſentiment. Elle dit: ah! mon Dieu,
» je vous en demande pardon! Qu'on
» me laiſſe donc cette étrange vue. Elle
» monta ſeule & nuds pieds ſur l'échaf-
» faut, & fut un quart-d'heure miro-
» dée, raſée, dreſſée & redreſſée par le
» bourreau: ce fut un grand murmure

» & une grande cruauté. Le lendemain » on cherchoit ses os, parce que le peu- » ple disoit qu'elle étoit sainte. » Voici encore un trait. Ayant rencontré sur son passage des Dames de distinction & de sa connoissance fort avides de la voir, elle les regarda avec beaucoup de fermeté, & leur dit avec une espèce de raillerie : *Voilà un beau spectacle à voir.* Je trouve la curiosité de Le Brun le fameux Peintre, plus excusable. Il se plaça dans un lieu où il pût la considerer attentivement, pour pouvoir saisir les traits d'une femme pénétrée de l'horreur d'un supplice sous ses yeux & qu'elle va souffrir. Au reste, bien des gens diront peut-être encore avec Madame de Sévigné à sa fille qui ne vouloit pas trouver Madame de Brinvilliers en Paradis : « je crois que vous avez contentement ; » car il n'est pas possible qu'elle y soit, » sa vilaine ame doit être séparée des » autres : assassiner est le plus sûr, nous

» ſommes de votre avis : c'eſt une ba-
» gatelle en comparaiſon d'être huit
» mois à tuer ſon père, & à recevoir tou-
» tes ſes careſſes & toutes ſes douceurs,
» à quoi elle ne répondit qu'en doublant
» toujours la doſe... perſonne ne doute
» de la juſtice de Dieu, & je reprends
» avec grand regret l'opinion de l'éter-
» nité des peines. » Ce ſont-là les ré-
flexions de femmes qui veulent dogmatiſer, & qui auroient dû penſer qu'on ne peut juſtifier Dieu ſur la rigueur de ſes jugemens, que par ſa miſéricorde infinie envers les plus grands pécheurs. Cet excès de bonté fait leur condamnation, puiſqu'il ne tenoit qu'à eux d'en éprouver les effets. Il faut toujours ſonger que les hommes ne pardonnent rien, & que Dieu pardonne tout. Madame de Sévigné eſt bien éloignée de raiſonner avec ſa juſteſſe ordinaire, lorſqu'elle fait la théologienne, ou plutôt lorſque Madame de Grignan l'obligeoit à l'être. On aimera

mieux l'entendre badiner comme physicienne. « Enfin, dit-elle, c'en est fait, la » Brinvilliers est en l'air, son pauvre petit corps a été jetté, après l'exécution, » dans un fort grand feu, & ses cendres » au vent, de sorte que nous la respirerons ; & par la communication des petits esprits, il nous prendra quelqu'humeur empoisonnante dont nous serons » toute étonnée... Elle n'a rien dit contre Pénautier. » Ce que j'ajoute, parce que Madame de Sévigné dans plusieurs Lettres disoit le contraire ; il faut songer qu'elle ramassoit toutes les nouvelles pour les envoyer à sa fille, dans ce cas il y en a toujours de fausses. Elle avoit dit entr'autres que la Brinvilliers avoit nommé quatre personnes de la Cour pour avoir empoisonné Madame ; ce qui étoit faux. Dans la Lettre suivante elle dit : « Je reprens les sottes nouvelles que Madame de Frênes m'avoit dites ; on n'a » point du tout parlé de Mesdames de C...

» &c. rien n'eſt plus faux. » On pourroit bien faire remarquer ici quelle imprudence dans une pareille affaire, ou plutôt quelle malignité, c'eſt de fabriquer de pareils contes. Ainſi il ne faut pas s'arrêter, je prie, à ſa première Lettre. Dans la 296e elle dit: Elle n'a rien dit contre Pénautier dans ſa confeſſion; néanmoins après cette confeſſion, on n'a pas laiſſé de lui donner la queſtion ordinaire & extraordinaire; ce qui étoit faux.

Dans la 298me Lettre: Le monde eſt bien injuſte, il l'a bien été auſſi pour la Brinvilliers; jamais tant de crimes n'ont été traités ſi doucement: elle n'a pas eu la queſtion; on lui faiſoit entrevoir une grace, & ſi bien entrevoir qu'elle ne croyoit point mourir; & dit en mourant ſur l'échaffaut: c'eſt donc tout de bon. Enfin elle eſt au vent, & ſon Confeſſeur dit que c'eſt une ſainte. M. le Premier Préſident lui avoit choiſi ce Docteur comme une merveille;

c'étoit celui qu'on vouloit qu'elle prît. N'avez vous point vu ces gens qui font des tours de cartes? Ils les mêlent inceſſamment, & vous diſent d'en prendre une, telle que vous voudrez, & qu'ils ne s'en ſoucient pas; vous la prenez, vous croyez l'avoir priſe, & c'eſt juſtement celle qu'ils veulent.

On avoit arrêté avec la Brinvilliers pluſieurs de ſes domeſtiques; lorſqu'elle fut morte; cette affaire, ainſi que toutes celles qui font grand bruit, fut auſſitôt aſſoupie; on n'en parla plus, & la ſeule Brinvilliers fut la victime de ces crimes. On avoit auſſi arrêté la femme de Sainte-Croix; mais tout ſon crime étoit d'avoir été l'épouſe d'un pareil ſcélérat; il paroît même qu'elle n'en avoit que le nom. Pénautier reſta encore quelque tems en priſon; on ne doute pas, dit Madame de Sévigné, que *l'argent ne ſe jette partout; mais s'il eſt convaincu, rien ne le peut ſauver.* Ce qui embrouilla son affaire, c'est que Belleguise son Commis, ayant soupçonné qu'on vouloit l'arrêter pour éclaircir la conduite de son maître se sauva, non qu'il craignît quelque chose, mais parce qu'il n'étoit nullement curieux d'être en prison, où il auroit été comme mis à la question, pour lui tirer les vers du nez, & parce qu'il se regardoit comme une de ces victimes, sur qui les Médecins & les Juges font des essais : ainsi sa crainte étoit fort naturelle & fort raisonnable; mais comme on ne peut croire qu'un homme innocent n'aime pas la prison ni les douleurs, on est toujours disposé dès-lors qu'il la fuit à le croire coupable. Le Procureur général dépensa deux mille écus pour l'avoir, & l'eut. La Justice & Pénautier en eurent le profit. Enfin il sortit un peu plus blanc que la neige; mais le Public ne le regarda point ainsi, le Marquis de Grammont, homme à bon mot, disoit il en sera quitte pour supprimer sa table. Ce n'étoit qu'un profit de plus. D'ailleurs les bons mots du Maréchal ne faisoient pas grande impression; on connoissoit le cœur, il eût déshonoré la plus honnête femme qui eût pu lui en fournir un. Voyant un jour un jeune Gentilhomme Breton nouveau débarqué à la Cour, pour l'embarrasser encore davantage, il lui dit: Apprenez-nous si dans votre pays on sçait ce que c'est que parabole, faribole, obole. Le Gentilhomme lui répondit, avec l'applaudissement de toute la Cour: Parabole est ce que vous n'entendez pas; faribole, ce que vous parlez; obole, ce que vous valez. Si on eût fait toujours de pareilles réponses à M. de Grammont, c'eût été le meilleur moyen pour le corriger du plus grand défaut qui soit dans un homme de société.

FRANÇOISE DE FOIX, *COMTESSE* DE CHATEAUBRIAND.

IL faut être femme, dit-on, pour se sçavoir venger ; en ce cas, il faut convenir qu'il y a des hommes qui retiennent si bien leurs leçons qu'ils passent leur maîtresse, & qu'ils sont bien en état de donner des modèles, dont les femmes n'avoient aucune idée.

Françoise de Foix étoit fille de Phœbus de Grailly de la maison de Foix ; elle eut pour frères Odet de Lautrec, The-Delescun, Maréchaux de France, à la fortune desquels celle de Françoise ne nuisit pas. Dès l'âge de douze ans elle épousa, ou plutôt on lui fit épouser, le Comte de Châteaubriand de la maison de Laval, qui, épris de sa beauté, pour la posséder la prit sans dot, & dit qu'il n'en vouloit pas d'autre que ses charmes. Ses parens charmés de se trouver déchargés du fardeau sans qu'il leur en coûtât, y consentirent volontiers. On se seroit moqué de celui qui auroit représenté que cet engagement étant pour la vie, il falloit du moins étudier le caractère de l'époux, pour voir s'il devoit faire le bonheur ou le malheur de celle qu'il demandoit. Il étoit riche, une fille doit-elle désirer autre chose? On tâcha d'inculquer cette maxime dans l'esprit de Françoise, qui n'ayant ni expérience, ni connoissance du monde, se crut heureuse, parce qu'on lui dit qu'elle devoit l'être, ayant ce que toutes les femmes désirent, sçavoir, des richesses. D'ailleurs une fille qui se voit à cet âge à la tête d'une maison, & qui s'attend à être sa maîtresse, est dédommagée du sacrifice de ses plaisirs & de ses penchans, parce que l'état qu'elle embrasse, lui en promet de bien plus piquans. La contrainte gêne les plaiſirs, ainſi une fille croit n'en avoir jamais goûté. Dès que le Comte eût épouſé Françoiſe de Foix, content de poſſeder un cœur novice, & qui mettoit tout ſon plaiſir à lui plaire; & plein encore d'un préjugé qui devient un ſentiment naturel dans les femmes, & qui ſans ceſſe leur rappelle que la pudeur eſt pour elles, ce que le point d'honneur eſt aux hommes, fut ſe renfermer dans ſa terre pour jouir de ſon tréſor & pour le mettre en ſûreté. La Comteſſe ſans expérience, ne connut point qu'elle avoit un mari jaloux juſqu'à l'excès; elle regardoit, ce qui eût fort déplu à d'autres, comme des preuves de tendreſſe, dont elle lui ſçavoit bon gré. Le Comte inquiet, parce que ſa femme par ſa conduite retirée ne lui cauſoit aucune inquiétude, voulut s'en procurer: il crut qu'il manquoit quelque choſe à ſon bonheur, tant que les autres ne le connoîtroient pas. Ne ſe croyant point ſatisfait s'il ne divulguoit le trésor qu'il avoit dans sa maison, il en parla à ses amis; par-là piqua leur curiosité, ce qui fut pour lui un nouveau plaisir : car l'empressement qu'on témoigna à le voir, fit qu'il lui parut encore d'un plus grand prix. Alors il redoubla ses soins pour le dérober aux yeux du Public, car il reconnut bientôt son imprudence. Les premiers qui l'avoient vu, lui avoient représenté qu'on ne devoit point l'enfouir dans un coin de la Bretagne. Il dissimula, parce qu'il comprit aisément que les précautions qu'il eût pu prendre, pour les engager à lui garder le secret, n'auroient servi qu'à le faire plutôt divulguer. Il parut n'avoir pour sa femme qu'autant d'amitié que les Grands ont coutume d'en avoir, il fut à la Cour; comme alors ce n'étoit point la coutume que les femmes y suivissent leur mari, la Comtesse ne souffrit que de son absence. Elle resta dans sa terre sans compagnie, parce qu'elle étoit alors persuadée que l'absence d'un mari doit la bannir. D'ailleurs étant à la campagne, elle n'en pouvoit voir que de très-passagères. Elle ne se fit aucune peine de sa solitude, parce qu'elle ne connoissoit point d'autre plaisir; & que la liberté dont on y jouit, dès qu'elle est volontaire, en procure un très-réel. Elle étoit uniquement occupée des soins du ménage, lorsque l'imprudence de son mari vint troubler son repos.

1515. François Ier étant monté sur le thrône, voulut, soit pour rendre plus brillante la Cour de sa mère, soit pour satisfaire son inclination, attirer les Dames à la Cour; car, disoit-il, une Cour sans femmes, est un printemps sans roses. Les courtisans alors s'empresserent de vanter les charmes de la Comtesse de Châteaubriand. Le Roi pressa le Comte de la produire à la Cour. Soit que le Comte craignît ce qu'il lui devoit arriver, ou plutôt que sa jalousie le lui fit déjà envisager comme une réalité, il s'en défendit sous divers prétextes; & dit entr'autres choses, que si elle étoit belle, elle étoit encore plus bête; qu'elle n'aimait que la solitude, & qu'elle paroissoit n'avoir d'autres plaisirs que ceux que les autres fuyoient; cela ne servit qu'à irriter la curiosité du Roi & animer les courtisans, qui démêlant le motif, piquoient le Comte par des railleries. Le Comte se défendoit, & leur demandoit si c'étoit gloire d'avoir une femme qui n'a pour tout mérite que de la beauté, qui est sauvage, & avec qui on ne peut lier société. Il parut fort indifférent à son égard, & crut se débarrasser, en disant qu'il la laisseroit maîtresse d'y paroître, si on pouvoit la déterminer à faire ce pas. Néanmoins il ne s'endormit pas; il fut trouver sa femme, & lui dit de ne point venir, quelque chose qu'on lui mandât, & de ne pas même croire à ce qu'il lui écriroit, à moins qu'elle ne vît un certain ſignal dont ils convinrent. Tant de précautions donnèrent de l'eſprit à ſa femme, & piquèrent ſa curioſité. Néanmoins elle diſſimula & promit d'obéir, d'autant que la Cour étant un pays fort inconnu pour elle & même pour les femmes, le déſir d'y paroître ne pouvoit être bien vif.

Le Comte étant de retour à la Cour tint les mêmes diſcours ; en ſorte qu'on commençoit déjà à la croire telle qu'il l'avoit dépeinte, lorſqu'il s'aviſa de dire à ſon valet de chambre, en lui montrant une bague, qu'elle auroit plus de pouvoir que tout ; & qu'ainſi que celle des Fées, elle avoit la puiſſance de lui faire voir ſa femme quand il voudroit. Le valet de chambre, avec un peu de réflexion, comprit l'énigme. Il avoit ſouvent cherché l'occaſion de faire fortune ; il crut l'avoir trouvée, puiſque s'il pouvoit faire venir ſa maîtreſſe à la Cour, le chemin lui ſeroit frayé. Il connoiſſoit le foible du Monarque pour les femmes, & ne doutoit nullement que la Comtesse ne lui plût dès qu'il l'auroit vue, & qu'il ne subjuguât sans peine un cœur novice & sans expérience. Il sçut donc découvrir le secret à ceux qui l'avoient plusieurs fois questionné sur ce sujet : ils travaillèrent de concert ; bientôt on ne tarda pas d'en voir l'effet. Le valet de chambre prit la bague à son maître adroitement, en fit faire une pareille qu'il remit dans la poche du Comte, & attendit qu'il écrivît à sa femme. On lui donna la lettre pour la mettre à la poste. Il sçut d'ailleurs qu'il avoit tombé dans le nouveau piège qu'on lui avoit tendu, qui étoit de presser de nouveau sa femme de venir, & pour l'y engager, qu'on l'invitoit à une fête. Ainsi le valet de chambre glissa la bague dans cette lettre. Comme c'étoit-là le signal, la Comtesse prit son parti, néanmoins elle connoissoit assez son mari, pour penser que l'acte n'étoit pas tout-à-fait libre ; mais contente d'avoir une excuſe légitime, elle partit auſſitôt. Le Comte ſurpris de ſon arrivée, & ſe voyant certainement trahi ſans ſçavoir par qui, n'écouta plus que ſon reſſentiment. Pour n'être pas témoin des politeſſes que tous les courtiſans alloient faire à une jolie femme, & dont le portrait étoit bien différent de celui qu'il en avoit fait, il ſe retira auſſitôt en Bretagne, pour ne pas eſſuyer les brocards des courtiſans. Il ne confia pas même ſon deſſein à ſa femme. Troublé par la jalouſie, il ne fit pas même attention qu'il laiſſoit une femme novice dans un pays où l'on ſçait profiter de tout. La Comteſſe avoit toujours aimé ſon devoir par goût & par raiſon. Son attachement pour ſon époux avoit été ſincère. Elle s'étoit fait honneur d'être eſclave de ſes volontés, parce qu'elle n'avoit jamais entendu d'autres leçons, & qu'elle croyoit que les femmes ne devoient pas penſer autrement. Elle avoit aſſez d'eſprit pour ſe garantir des pièges grossiers qu'on eût pu tendre à sa vertu; mais manquant d'expérience, elle ne connoissoit pas tous ceux qu'on lui pouvoit dresser. Flattée de se voir recherchée d'amitié par un Roi, elle crut pouvoir sans conséquence accorder à son Maître quelques faveurs, dont on se fait un devoir dans la Province, où les intentions sont plus pures; elle ne sçavoit pas que de l'amitié à l'amour il n'y a qu'un pas à faire, & que personne ne le franchit plus aisément qu'un Roi. Aussi la Comtesse ne s'en apperçut-elle que lorsqu'elle ne pouvoit plus reculer.

Elle ne résista qu'autant qu'il faut pour être excusée, lorsqu'on est sollicitée, pressée par un Souverain. L'ambition succeda à l'amour; elle acheva sa défaite, elle s'imagina que la honte n'est point attachée au titre de Maîtresse d'un Roi, puisqu'il n'y a que la prévention qui l'y puisse attacher; & qu'il n'y a qu'une vertu dont on n'a guères d'exemple, parce que les hommes ſont encore aſſez injuſtes pour en tenir peu de compte, qui puiſſe y réſiſter. Si elle eût quelques remords, c'eſt parce qu'ils ſont inſéparables de la foibleſſe, & parce qu'elle étoit liée à un homme qui avoit ſeul ſur elle des droits, qu'elle-même lui avoit donnés. Elle tâcha de l'en conſoler, & de s'excuſer par la néceſſité où il l'avoit miſe de manquer à la foi promiſe en l'abandonnant. Mon cœur, lui écrivoit-elle, n'eſt pas ſi rempli que vous ne puiſſiez toujours y conſerver une place. Pour lui prouver qu'elle avoit toujours ſes intérêts à cœur, elle tâcha de l'élever aux premiers emplois; mais le Comte refuſa conſtamment tout ce qu'il croyoit ne devoir qu'à ſon deshonneur. Les frères de la Comteſſe eurent moins de délicateſſe, quoique gens de mérite, ſa faveur contribua plus pour les élever aux premières dignités militaires, que leurs belles actions. Par ſon crédit, ils ſçurent ſe maintenir malgré leurs ennemis, & les fautes que Lautrec ſurtout fit, & qui cauſerent en partie la perte du Milanez.

Le Roi ayant paſſé les monts pour faire 1525.
de nouveau la conquête de ce Duché, & ayant été fait priſonnier à la bataille de Pavie, la Comteſſe demeura par-là expoſée à la haine de Louiſe de Savoye, mère du Roi, qui ne pouvoit ſouffrir ceux ou celles qui partageoient avec elle la faveur de ſon fils. Déſeſpérant de ſe maintenir dans les bonnes graces d'un Prince ſi volage, elle voulut avoir le mérite de la retraite, & prévenir ce qui lui pouvoit arriver; d'autres diſent qu'elle voulut montrer à ſon mari que la force l'avoit plus retenue à la Cour que l'amour. Quoi qu'il en ſoit, ſon mari la reçu d'abord d'une manière à lui faire eſpérer qu'il oublieroit aiſément le paſſé; mais ce ne fut que pour mieux ſe venger. Quoi qu'en diſe le P. Daniel, le ſentiment de Varillas eſt préférable au ſien.

Il prétend que la Comteſſe mourut tranquillement dans ſon château, & que le récit que fait Varillas des circonſtances de ſa mort ſont inventées à plaiſir. En ce point, je n'ai pu m'empêcher de prouver ailleurs combien le P. Daniel eſt de mauvaiſe foi; je dirai ici en peu qu'un critique ne pouvoit faire ce reproche à Varillas, puiſque cet Hiſtorien rapporte n'avoir donné cette relation que ſur la foi d'un mémoire tiré des archives de Château-Briant, par le Préſident Ferrand; circonſtance qu'un Écrivain de bonne foi n'eût pas dû omettre : cette omiſſion eſt en cette matière, comme dit le P. Daniel, une eſpèce de crime de lèze-Majeſté, qu'on doit punir en la faiſant au moins connoître. Chalon, dans ſon Hiſtoire de France, dit : la priſon du Roi fut funeſte à la Comteſſe de Châteaubriand. Son mari prit ce tems-là pour lui faire ſentir les effets de ſa jalouſie & de ſa vengeance, il la fit mourir en lui faisant ouvrir les veines. Daniel dit qu'on a trouvé dans les archives de Château-Briant, qu'elle n'étoit morte qu'en 1537; il auroit dû citer qui a fait cette découverte : car on trouve dans les mêmes archives l'histoire de sa fin tragique; fait qui est aussi averé que toutes les autres actions de la vie de la Comtesse, & qui n'a rien d'extraordinaire : car, selon le portrait que l'on fait du Comte, il étoit bien capable de ce dessein, étant aussi jaloux & aussi vindicatif qu'un Italien.

A peine fut-elle arrivée chez lui qu'il lui dévoilât son cœur; il là fit enfermer dans une chambre du Château, où, pour qu'elle expiât sa faute, il ne lui donna point d'autre compagnie que sa fille, qui n'avoit que sept ou huit ans. Pour qu'elle eût présent à ses yeux le sort qui la menaçoit, il fit tendre sa chambre en noir. Sa fille au bout de six mois mourut, pour lors le Comte n'ayant plus personne qui pût un jour lui reprocher ſon crime, ſe réſolut à conſommer celui que la jalouſie lui avoit inſpiré. Il entra un jour dans la chambre de ſa femme, accompagné de ſix hommes & de deux Chirurgiens, qui, après avoir ſaigné la Comteſſe, la laiſſerent ſans ſecours, & perdre tout ſon ſang. Spectacle dont le Comte ſe repaiſſoit agréablement. Ni les prières, ni la beauté d'un objet qui étoit dans ſon point de perfection, ne purent faire ſur ſon cœur aucune impreſſion. Il falloit mourir; c'étoit-là l'arrêt qu'il avoit prononcé, & qu'il exécuta ſans pitié.

Il y avoit eu trop de témoins, pour que le ſecret fût long-tems gardé. François 1er en ayant eu avis, réſolut de punir les coupables: mais outre qu'une nouvelle paſſion lui fit perdre bientôt le ſouvenir de la Comteſſe, c'eſt que le Comte de Château-Briant, pour ſe ſouſtraire aux premiers mouvemens de la colère du Prince, s'exila du Royaume, & n'y rentra que par la faveur du Connétable de Montmorenci, à qui il fit, pour avoir cette grace, une donation de la terre de Château-Briant. Il paroissoit encore, continue Varillas, des marques du sang de la Comtesse dans la chambre où elle avoit été assassinée, lorsque Henri III versoit tout le sien dans une de S. Cloud.

CATHERINE DE MEDICIS,

REINE DE FRANCE.

Henri II. CATHERINE DE MEDICIS, fille de Madeleine de la Tour, Comtesse de Boulogne, en qui finit la maison de la Tour d'Auvergne *, & de Laurent de Medicis, Duc d'Urbain, dont elle étoit héritière, étoit nièce de Clément VII. Ce fut à lui qu'elle dut sa fortune; il est vrai qu'en lui faisant épouser Henri Duc d'Orléans, il ne s'imaginoit pas qu'elle dut être Reine. Mais dès qu'elle fut en état de l'être, elle se vit sur le point de décheoir entièrement. Elle avoit été mariée en 1533, à l'âge de quatorze ans; comme elle fut jusqu'à vingt-quatre ans stérile, dès que le Duc d'Orléans son mari fut

Elle naquit en 1519.
1536.

* Ce fut en 1517 que le mariage fut conclu, par le Traité que François Ier fit avec Léon X. Madeleine étoit nièce de François de Bourbon, Duc de Vendôme.

devenu héritier présomptif de la Cou- 1536.
ronne, on songea à la répudier *, parce que le Médecin de François I. dit qu'elle n'auroit jamais d'enfant. L'injustice étoit manifeste, puisqu'outre que la Princesse n'avoit que vingt-quatre ans, elle étoit une des plus belles Princesses de l'Europe, grande, bien faite, ne le cédant à personne pour l'air majestueux; en un mot, tout son extérieur contredisoit la prédiction du Médecin, & la suite fit bien voir qu'il n'avoit agi que par passion. François I. prévit bien que la Cour de Rome ne lui seroit pas favorable, s'il mettoit cette affaire sur le tapis : ainsi il prit le parti de patienter, puisqu'il pouvoit raisonnablement penser que l'incontinence du mari étoit un obstacle à la fécondité de la Princesse. De plus,

* Henri devint héritier présomptif par la mort de François son frère aîné, qui mourut de poison en 1536, non sans soupçon contre l'Empereur Charles V.

ſi ce Prince écouta cette propoſition, ce ne fut que parce que l'Etat étoit intéreſſé à avoir une Reine féconde ; car il aimoit fort ſa brue, qui avoit pour lui une complaiſance qui ne pouvoit partir que d'un eſprit Italien. Dès qu'elle s'étoit vue à la Cour, elle avoit étudié ſon caractère & ſes inclinations. Le Roi auſſi galant que bon guerrier, aimoit à parler de guerre & des affaires d'Etat, même devant les Dames ; la Princeſſe connoiſſant ſon goût, au lieu de l'entretenir de bagatelles, faiſoit tomber la converſation ſur ce qui le flattoit. Elle raiſonnoit ſi juſte, avec tant de force & de préciſion, qu'elle raviſſoit Sa Majeſté, qui diſoit qu'elle n'étoit née que pour commander. Outre cela il ne falloit pas avoir la tendreſſe de François I. pour le beau ſexe, pour n'être pas touché de pitié, en cas qu'on répudiât la Princeſſe. La dernière de ſes domeſtiques eût été mieux qu'elle, puiſque ſa famille lui pouvoit fournir un lieu de retraite, au lieu que Catherine n'en avoit aucun, à moins qu'elle ne se retirât dans un Couvent. Asyle bien triste pour une personne de son caractère. Il n'y avoit que le Duc de Florence qui eût pu la retirer ; mais il ne l'auroit pas fait, puisqu'elle avoit un droit légitime sur ses Etats qu'il n'avoit pas. L'adresse de la Princesse fit évanouir cet orage. Elle sçut par son esprit conserver la place que son oncle lui avoit acquise : personne ne pouvoit mieux la remplir, & on la citeroit encore aujourd'hui pour la plus grande Reine, je ne dis pas que la France ait eue, mais le Monde entier, si elle eût toujours eu en vue le bien de l'Etat.

Quoiqu'elle trouvât, lorsqu'elle vint en France, son mari prévenu d'amour pour Diane de Poitiers, elle employa tout ce qui dépendoit d'elle pour gagner absolument son cœur ; elle usa de tant de caresses, qu'elle l'obligea à lui en donner au moins une partie ; & lorſqu'il venoit à elle, elle le recevoit avec autant de joye & d'empreſſement, que s'il n'eût aimé que ſa femme. Par-là elle l'obligea de retourner à ſon lit ; & Henri, lorſqu'il en ſortoit, avouoit qu'il ne ſe trouvoit jamais ſi bien dans un autre. Par ce ſtratagême, elle prévint l'indifférence qu'il eût eu pour elle, & qui pour l'ordinaire dégénère en mépris. Quoiqu'elle fût fort aimée du Roi ſon beau-père, elle ne lui fit jamais aucune plainte. Elle regardoit la maîtreſſe de ſon mari avec la même complaiſance, que ſi elle eût vécu dans l'ancienne loi. Quoique la Cour fût partagée entre les factions de Diane & de la Ducheſſe d'Étampes, maîtreſſe de François I, elle ne prit aucun parti, & les ménagea ſi bien toutes deux, quoiqu'ennemies irréconciliables, qu'elle ſe conſerva l'amitié de l'une & de l'autre. Le Roi alloit-il à la promenade, elle ſe mettoit à la tête des

Dames, montée ſur une haquenée, ſelon la coutume. Elle en faiſoit autant, lorſque ſon mari y alloit : ſi la faveur faiſoit qu'on ne jettoit pas d'abord les yeux ſur elle, elle les attiroit bientôt par l'air de majeſté avec lequel elle ſe tenoit à cheval. On dit qu'elle avoit la jambe extrêmement bien faite, & que pour la faire mieux voir, elle en mettoit une ſur le pommeau de la ſelle. Elle étoit infatigable dans l'exercice de la chaſſe : comme c'étoit la paſſion de ſon beau-père, elle s'y étudia avec tant d'application, qu'elle brouſſoit les forêts avec la même agilité & la même vigueur que le plus alerte & le plus vigoureux Écuyer. Il n'y avoit point de partie dont elle ne fut. On ne la connut que par-là ſous le règne de François I. & ſous celui 1547.
de ſon mari ; car elle ſouffrit la faveur de Diane, Ducheſſe de Valentinois, avec une patience & une diſſimulation dont une Italienne ſeule, comme dit le Père

Daniel, est capable. Elle parut contente d'avoir le seul titre de Reine *, & que Dieu l'eût rendue féconde : elle borna ses soins à élever ses enfans. Elle se réjouissoit avec tout le monde de la faveur de la Duchesse, & de celle du Connétable de Montmorenci, qui avoit la direction des affaires, & ne se plaignoit à personne qu'on l'obligeât à tenir caché les talens qu'elle avoit pour le gouvernement. Quoique dévorée par l'ambition & le desir qu'elle avoit de gouverner, elle n'en fit rien appercevoir ; & si Henri II. l'a nomma en 1552 Régente du Royaume pendant son voyage de Lorraine, ce fut moins pour la satisfaire, que pour lui prouver qu'il avoit toujours pour elle quelqu'affection. En effet, il alloit tous les jours après son dîner passer deux heures chez elle, avec tous les Courtisans & les Dames qui se rencontroient ; ce qui

* *Elle fut couronnée à S. Denis le 12 de Juin 1549, par le Cardinal de Bourbon, Archevêque de Sens.*

prouve qu'Henri n'oublia jamais entièrement ce qu'il lui devoit comme mari ; & qu'il ne se fit jamais gloire, ainsi que ceux qui veulent passer pour être du bon ton, d'affecter de l'indifférence pour sa femme.

Ce ne fut qu'après la mort de son mari
que Catherine leva le masque. Elle songea 1559.
bien à se dédommager de la contrainte qu'elle s'étoit faite jusqu'alors. Elle visa à rien moins qu'à se donner une pleine autorité : mais quoique peu de Princesses l'ayent égalée en beauté, en esprit, en prudence, en majesté, elle jugea néanmoins que malgré son titre de Reine & de mère du Roi, c'étoit trop entreprendre de vouloir abbattre d'un seul coup les factions des Guises, des Montmorencis & des Princes du Sang. Il sembleroit que celle-ci devoit être la plus redoutable, cependant c'étoit la plus foible. La Reine, dans la crainte de succomber, embrassa le parti du plus fort ; mais ce ne fut qu'après avoir fait connoître aux Guises,

que ſi elle leur donnoit la préférence, ce n'étoit point par néceſſité : elle ne ſe fia pas tellement ſur eux, qu'elle ne crut devoir ſe fortifier d'ailleurs. Pour ne point s'attirer ſur les bras tous les anciens courtiſans, elle ne tira aucune vengeance de la Ducheſſe de Valentinois : ce n'eſt pas que ceux qui lui devoient leur fortune, à cette maîtreſſe de Henri II, euſſent pris, après la mort du Roi, ſes intérêts, cette coutume n'eſt point d'uſage, ſurtout à la Cour : mais c'eſt que la Reine ſçavoit qu'il y en a qui ne demandent qu'un prétexte tel qu'il ſoit, pour brouiller les cartes. Elle mit dans ſes intérêts le Duc de Montpenſier, en lui faiſant donner une partie des biens de la maiſon de Bourbon; & le Prince de la Roche-ſur-Yon, en faiſant ſon épouſe ſa première Dame d'honneur. Par-là elle affoiblit le parti des Princes. Le Connétable Montmorenci étant reſté ſeul de ſon parti, on ne le ménagea même pas; on lui témoigna aſſez de mécontente-

mens, ſous le prétexte qu'il avoit donné à Henri II. de dangereux ſoupçons de la chaſteté de la Reine. Pour le Roi de Navarre, on l'amuſa, en lui promettant d'engager & même d'obliger les Eſpagnols à lui reſtituer ſes États. La Reine cependant ne ſongeoit guères à ſe brouiller avec cette Couronne; car la crainte qu'elle avoit qu'on ne la renvoyât de la Cour de France comme Étrangère, la fit s'abaiſſer juſqu'à demander à Philippe II. ſa protection pour elle & pour la France; il s'empreſſa à l'accorder, ce qui n'empêcha point les Calviniſtes de répandre un Mémoire, où ils prouvoient que ſon ſexe & les anciennes loix du
Royaume la rendoient inhabile à prendre aucune part dans le gouvernement 1560.
de l'État. La conjuration d'Amboiſe lui fit voir ce dont ils étoient capables. La Reine n'eût pas couru un moindre danger que les Guiſes; ce n'eſt pas qu'elle fût fort oppoſée aux Calviniſtes, mais

c'eſt qu'ils étoient perſuadés que la néceſſité ſeule pourroit l'obliger à ſe déclarer. Il eût été fort indifferent à Catherine de prier Dieu en latin ou en françois, pourvu qu'elle regnât.

Il n'y a perſonne, ſçachant l'Hiſtoire, qui ne ſoit perſuadé que cette Reine n'eût jamais que le dehors de Catholique, & qu'elle ne diſſimuloit que par maxime d'État : ſes plus grands confidens étoient les plus zélés Calviniſtes. Sous le règne de ſon mari, quoiqu'ennemi déclaré des Novateurs, on l'avoit vue s'empreſſer à rechercher l'amitié de ceux que l'on perſecutoit pour cauſe de Religion, & ne ſe point cacher pour chanter les Pſeaumes de Marot. En un mot, il n'y avoit aucun Calviniſte qui ne fût perſuadé qu'elle leur ſeroit favorable dès qu'elle le pourroit faire impunément. Comme elle n'en trouva jamais pleinement l'occaſion, ils s'ennuyèrent de ſa diſſimulation, qui la rendit également ſuſpecte aux deux partis.

Pour gouverner ſon fils avec plus de tranquillité, elle le mena de Paris à S. 1560.
Germain, où la Cour ſeroit moins nombreuſe. Malgré ces précautions, le règne de François II. fut plutôt celui des Guiſes que de Catherine. Le Roi avoit épouſé Marie Stuart leur nièce; il l'aimoit éperdument, & ne lui refuſa rien de ce qui pouvoit augmenter leur crédit. La Reine mère s'y oppoſa vainement; & ſi ſon fils eût plus vécu, elle eût, ſelon les apparences, eu le chagrin de ſe voir décheoir du peu d'autorité que les Guiſes lui avoient confiée. Ils n'avoient plus qu'un pas à faire, ils tenoient le Prince de Condé dans les fers, ils l'avoient fait condamner à mort; & ſi l'exécution de l'arrêt fut différé, ce ne fut que parce qu'ils vouloient du même coup faire tomber la tête de ce Prince, & celle du Roi de Navarre ſon frère, pareillement priſonnier. Catherine fut la ſeule qui

tira profit de cet accident. Artificieuse en tout, elle avoit vu arrêter & condamner le Prince, sans qu'on pût démêler si elle étoit aise ou fâchée. A l'extérieur, elle avoit répandu des larmes; mais son ambition fut cause que personne ne les crut véritables: les politiques penserent qu'elle ne pleuroit, que parce que la puissance des Guises n'étoit pas si prête d'expirer. La maladie du Roi & sa mort, après un règne de dix-huit mois, firent éclore ses desseins.

Le Cardinal de Lorraine en vain voulut la surprendre, en lui représentant que si elle ne faisoit exécuter l'arrêt porté contre le Prince de Condé, & faire le procès au Roi de Navarre, qu'elle couroit risque d'être perdue, parce qu'ils couroient le même danger. Le Chancelier de Lhôpital, confident de la Reine, lui fit appercevoir le piège qu'on lui tendoit, sçavoir de la rendre odieuse au peuple, qui ne verroit pas tranquille-

ment tomber la tête des deux premiers Princes du Sang qu'ils révéroient, même coupables : qu'ainsi elle devoit s'attendre que les Guises seroient les premiers à publier qu'elle n'avoit cherché qu'à satisfaire sa passion. Ces raisons & plusieurs autres tirèrent Catherine d'inquiétude. Lhôpital lui dit de profiter de l'oc- 1560.
casion pour s'emparer de la Régence. Il lui fut facile, elle fit voir au Roi de Navarre qu'elle étoit maîtresse de disposer de sa vie & de celle de son frère ; que pour les tranquilliser, elle n'exigeoit pour reconnoissance qu'une seule chose, qu'il lui cédât la Régence, à condition qu'elle lui donneroit la Lieutenance générale de l'État, & que son frère ne s'opposât à rien.

Le Roi de Navarre n'avoit pas assez d'ambition pour exposer sa vie, & assez de fermeté pour refuser la Reine, de façon même à ne vouloir que gagner du tems. Le Prince de Condé, quoiqu'extrêmement fier & opiniâtre, avoit trop d'esprit pour ne pas voir que l'opposition d'un Prince prisonnier, ne pouvoit que hâter sa perte, ou du moins prolonger sa prison; ainsi ils promirent tout ce qu'elle voulut: ce consentement des deux Princes qui avoient seuls droit de prétendre à la Régence sous un Roi mineur, fit qu'elle fut adjugée sans contestation à Catherine, qui aussitôt que le Roi fut mort, tint parole au Roi de Navarre. Pour accorder la liberté au Prince de Condé, qu'elle connoissoit d'humeur à oublier aisément sa promesse; elle voulut attendre qu'elle n'eût plus rien à craindre de lui, ou du moins que son autorité fût si bien affermie, qu'elle fût en état de la faire respecter. Pour cela il falloit qu'elle se fit confirmer dans sa Régence par l'assemblée des États qui se tenoient à Orléans, lorsque le Roi y mourut le 5 Décembre. La chose n'étoit pas facile, parce qu'ils se fussent

Il mourut à Orléans le 5 Décembre 1560, âgé de 16 ans & 10 mois.

déclarés pour le Roi de Navarre, pour peu qu'il eût parlé. Mais ce Prince ne fit pas la moindre démarche, quoique toute la Nobleſſe ſe fût rangée de ſon côté. Après la mort du Roi, les Montmorencis, les Châtillons, les Calviniſtes & les plus éclairés Catholiques, lui repréſentèrent en vain, qu'il ne manqueroit ni de conſeil, ni de forces pour ſe faire obéir. La Ducheſſe de Montpenſier, l'émiſſaire de Catherine, l'emporta ſur eux. A ſa ſollicitation il laiſſa la Régence 1560.
à la Reine, & ſe contenta d'être ſon Lieutenant *. La Reine après cela diſſipa les intrigues de ceux qui vouloient per-

---

* J'aurois mieux dit en écrivant : le Roi de Navarre ſe contenta d'être Lieutenant de l'Etat, & de laiſſer à la Reine l'autorité de la Régence : car quoique tous les Hiſtoriens lui donnent le nom de Régente. M. le Préſident Hénaut a démontré clairement qu'elle n'eut jamais ce titre ; il ne trouvera point, je crois, mauvais qu'à ces preuves j'en aie ajouté d'autres, lorſque j'ai traité ce ſujet dans la vie du Roi de Navarre.

ſuadèr aux États, que c'étoit à eux à diſpoſer de la Régence. Pour qu'ils ne lui fuſſent pas entièrement oppoſés, elle les ménagea avec tant d'adreſſe, par le miniſtère du Cardinal de Lorraine, qu'ils ne déliberèrent que ſur les matières qu'elle leur fournit, lorſqu'elle s'apperçut qu'ils vouloient s'en écarter : elle les diſſipa, en les renvoyant dans leur Province, & leur promettant qu'ils ſe rejoindroient à Pontoiſe au plutôt.

1561. Catherine croyoit n'avoir plus rien à craindre ; mais elle ignoroit qu'un Prince qui ne s'eſt rendu qu'en lui oppoſant des raiſons, change lorſqu'on lui en oppoſe de plus fortes. Le Prince de Condé revint à la Cour au commencement de Février, la Reine le reçut avec de grandes démonſtrations d'amitié ; elle fit annuller tout ce qui s'étoit paſſé ſous le règne précédent, le fit réconcilier avec les Guiſes : le Prince fit tout ce qu'il put pour la ſatisfaire ; mais il n'étoit pas difficile de prévoir que le Prince n'oublieroit l'injure qu'autant qu'il ne pourroit s'en venger. Il ne laissa pas long-tems les esprits en suspens; à peine fut-il arrivé, que le Roi de Navarre encouragé par sa présence, commença à parler avec une fermeté qui ne lui étoit point naturelle : il se plaignit qu'on l'amusât, & qu'on ne lui laissât qu'un vain titre; que les Guises lui faisoient tous les jours de nouvelles injures, en faisant porter chez eux les clefs de la maison du Roi; qu'il n'y avoit cependant que lui qui, par sa charge & par son rang, dût veiller à la sûreté du Prince, & que puisqu'on ne lui faisoit pas justice, il se retiroit de la Cour. La Reine s'apperçut bien qu'il étoit sifflé. Elle voulut l'appaiser, mais la conversation ne fit qu'irriter le Roi de Navarre, qui prit congé d'elle brusquement. Son départ alloit être suivi de celui de tous les Princes de la maison de Bourbon, des Montmorencis, des Châtillons & de toute la Nobleſſe. La Reine allarmée vit bien qu'elle n'alloit plus avoir qu'un vain titre, encore devoient-ils le lui faire ôter par les États provinciaux, ou plutôt l'autorité : car ils lui euſſent volontiers donné le nom de Régente, ſi elle eût voulu ſe contenter d'un honneur ſtérile. Les prières étant inutiles, elle conſulta ſon Conſeil. Le Cardinal de Tournon lui dit que le Roi ayant dix ans, elle devoit l'inſtruire de ce qu'il devoit faire ; qu'il n'y avoit qu'à lui dire d'ordonner au Connétable de ne point quitter ſa perſonne. En effet Sa Majeſté le lui défendit, & prit acte de la défenſe. L'obéiſſance du Connétable retint à la Cour tous ceux qui en vouloient partir, d'autant qu'on remontra au Roi de Navarre que celui qui quittoit la partie, montroit ſa foibleſſe. La Reine ne fut pas long-tems tranquille. Elle apprit que les Députés provinciaux de l'Iſle de France, parloient de réformer l'État, & de nommer ceux qui le gouverneroient. Cette hardiesse lui fit tout craindre : pour arrêter le coup, elle se réconcilia avec le Roi de Navarre, qui seul pouvoit rompre leurs mesures. Elle consentit à ne rien faire que de concert avec lui : le Connétable fut celui dont elle se servit pour faire cette paix ; mais toujours inquiéte, elle craignit que l'union du Roi de Navarre avec le Connétable ne sappât son authorité. Elle crut que si elle pouvoit les désunir, elle n'auroit plus rien à craindre. Ce fut le contraire, l'on peut dire qu'elle-même s'ouvrit le précipice dans lequel elle eût tombé, si la mort n'eût fait ce que son esprit n'eût pu faire en épuisant toutes ces ressources. La Duchesse de Valentinois, sa rivale en amour, fut celle dont elle se servit pour réconcilier le Connétable avec les Guises, & par conséquent pour le brouiller avec le Roi de Navarre &

ses neveux Châtillons. Elle réussit contre toute attente au gré de la Reine : mais cette femme ambitieuse mit en jeu d'autres ressorts, par un excès de précautions. Ce fut de laisser prêcher Montluc à la Cour, & cela pour gagner le Roi de Navarre.

1561. Montluc, Évêque de Valence, habile négociateur, étoit le confident intime de la Reine, & le plus en état de lui donner de bons conseils. Le Connétable l'ayant entendu dans un Sermon se déchaîner contre la Cour de Rome, & débiter plusieurs choses qui favorisoient les Calvinistes, crut qu'il n'auroit pas fait cela, s'il ne se fût cru autorisé par Catherine. Cela lui fit soupçonner que la Reine le trompoit en lui témoignant beaucoup d'aversion pour le Calvinisme, & qu'elle s'entendoit avec le Roi de Navarre. Il se mit en tête qu'en le brouillant avec ce Prince & avec ses neveux, elle n'avoit eu en vue que de l'affoiblir, pour le perdre avec plus de facilité.

facilité. Le danger lui parut pressant; il se fût réconcilié avec les Princes & ses neveux, s'il eût pu se déterminer à faire la première démarche, mais sa fierté l'empêchoit d'aller chercher des amis qu'il avoit abandonnés. Cela le détermina à s'unir étroitement avec le Duc de Guise & le Maréchal Saint-André. Il leur représenta qu'ils avoient la Religion & leur fortune à défendre. Ils en firent tous trois le serment le jour de Pâques.

La Reine ne tarda pas d'être avertie de leur union : malgré sa fermeté, elle pâlit à la nouvelle de ce triumvirat. En effet il l'exposa au plus grand danger qu'elle put craindre. Elle ne perdit point courage : cependant pour rendre son pupille plus respectable, elle fut le faire sacrer au plutôt à Reims. D'ailleurs ces cérémonies occupent les esprits, c'est tout ce qu'elle souhaitoit. Les Calvinistes néanmoins ne la perdirent point de

vire. Ayant appris la nouvelle du triumvirat, ils prévirent la nécessité où elle seroit, pour ne point succomber de se jetter dans leurs bras, ou du moins de leur être favorable. Cela les excita à demander un Édit qui pût les laisser vivre tranquillement : elle l'accorda malgré les remontrances du Parlement. Le triumvirat, qui n'attendoit que l'occasion pour éclater, se souleva contre, & l'o-
1561. bligea à le révoquer par celui du 13 Juillet, le Roi tenant son Lit de Justice. La Reine en parut contente, & l'étoit en effet par la faute que fit le Cardinal de Lorraine de demander le Colloque de Poissy. Le Cardinal de Tournon eut la sagesse de s'y opposer ; mais la vanité du Cardinal de Lorraine vouloit qu'il se tînt, il espéroit convaincre les Calvinistes par son éloquence. Cette demande plut également aux Calvinistes, qui se flattoient du même avantage. Catherine en y consentant, ne se brouilla avec au-

cun des deux partis, elle gagnoit du tems. Jusqu'au 10 d'Août qu'il se devoit tenir, elle travailla à se maintenir en possession de l'autorité que les États généraux rassemblés à Pontoise lui contestoient. Il ne lui en coûta, pour dissiper l'orage, que de faire de nouvelles promesses à l'Amiral Châtillon & au Cardinal de Lorraine, qui croyant agir pour leur parti, lui gagnèrent les suffrages; l'un des Députés Calvinistes, l'autre de ceux du Clergé. Ainsi par son adresse elle fit accorder deux partis, qui se firent gloire d'être toujours opposés. La Reine, après avoir obtenu ce qu'elle souhaitoit, les congédia, & se prépara à l'assemblée de Poissy. Elle en donna avis au Pape Pie IV, qui s'y opposa de toute sa force, mais inutilement. Le Cardinal de Lorraine le souhaitoit avec trop d'ardeur: il eut bien sujet de s'en repentir. Il me suffit de dire que les deux partis s'attribuèrent l'avantage, & que ce Colloque pervertit plus de gens qu'il n'en ramena. Catherine y trouva ſon profit, en étudiant le caractère des deux partis. Ce fut cette conférence qui lui fit faire la réſolution de diſſimuler toute ſa vie; elle connut qu'elle ne pouvoit ouvertement ſe déclarer, ſans faire ſoulever le parti qu'elle abandonneroit. Cependant le parti dominant fut toujours celui qu'elle favoriſa à l'extérieur; quoique dans le ſecret, elle ne chercha qu'à l'affoiblir, dans la ſeule vue de ſe rendre néceſſaire.

La Reine, pour mettre la Cour de Rome dans ſes intérêts, n'y pouvant mettre celle d'Eſpagne trop irritée de la Conférence de Poiſſy, promit au Pape d'empêcher le Concile national, à condition qu'il feroit continuer le Concile
1562. de Trente depuis ſi long-tems ſuſpendu *. Dès que les Calviniſtes ſçurent

* Il avoit été convoqué par Paul III. en 1545, il fut continué ſous Jules III. en 1551,

qu'on ne tiendroit point de Concile national, ils se mutinèrent & ne gardèrent plus de mesures. Ils s'assemblèrent publiquement contre la défense de l'Edit de Juillet; ils étoient en trop grand nombre pour pouvoir les empêcher. La Reine pour y remédier, & pour ne point donner sujet de plaintes au triumvirat & aux Calvinistes, convoqua pour le 16 Janvier à S. Germain. Tous les Grands du Royaume, qui firent donner l'Edit de Janvier, trop favorable aux Calvinistes, pour ne point irriter les Catholiques. Le Parlement ne l'enregistra qu'après trois jussions. La Reine après cet Édit, crut être tranquille; mais les Triumvirs l'obligèrent à se déclarer nettement. Elle mit tout en jeu pour s'en dispenser, parce qu'elle vouloit dominer sur les deux partis. Se voyant trop pressée par

& ne fut enfin terminé qu'en 1563 sous Pie IV. par les soins du Cardinal Borromée, neveu de ce Pape.

1562. tous les deux, elle crut qu'il étoit de sa politique de tenir pour le parti que son fils approuvoit. L'un & l'autre n'attendoit plus que l'occasion pour prendre les armes. Le Duc de Guise, peut-être sans le vouloir, la fit naître par le massacre de Vassi. Les Calvinistes ayant le Prince de Condé à leur tête, demandèrent justice à la Régente, qui se trouva fort embarrassée. Le Triumvirat avoit fait entrer dans son parti le Roi de Navarre; elle craignoit que si une fois on prenoit les armes, que les Catholiques ne commençassent par rendre à ce Roi la place qu'il lui avoit cédée. Elle voulut l'affoiblir, en détachant du Triumvirat le Maréchal Saint-André; mais toutes ses ruses furent inutiles, ainsi que celles qu'elle employoit pour attirer le Duc de Guise à la Cour, sans être accompagné. Cela fit soupçonner au Triumvirat qu'elle vouloit les rendre inutiles à leur parti. Pour la prévenir, le Maréchal Saint-André fit voir qu'on ne pouvoit empêcher la guerre qu'en se défaisant d'elle, ce qui seroit fort facile à exécuter. Le Duc de Guise donna un conseil plus modéré, mais dont la Reine eût craint l'exécution, autant que du premier. Ce fut d'enlever le Roi, & de mettre la Reine hors d'état de pouvoir disposer d'elle & de son fils, & de ne lui laisser la liberté qu'autant de tems qu'il faudroit pour accoutumer les peuples à se passer d'elle. Le Connétable fut de l'avis du Duc, & ils ne songèrent plus qu'à l'exécuter. Mais ils ignoroient qu'ils avoient affaire à une Princesse qui jamais ne dormoit. Elle fut instruite de tout ce qu'ils avoient dit, avant qu'ils eussent le moment de réflexion. On soupçonna le Roi de Navarre d'avoir révélé ce secret, mais mal à propos. La Reine n'en dut la connoissance qu'à elle-même, puisque ce fut par le moyen d'une sarbatane qu'elle avoit placée dans la chambre où ils s'étoient aſſemblés, & qui répondoit dans la ſienne. Quoique ce conſeil eût dû fort l'intimider, néanmoins à l'extérieur elle n'en témoigna aucun reſſentiment, pouvant prévenir leur mauvais deſſein. Cependant lorſqu'elle vit le Roi de Navarre arriver à la Cour pour l'obſerver de ſi près, elle craignit que s'ils ne pouvoient exécuter le conſeil du Duc de Guiſe, qu'on n'exécutât celui de Saint-André, aſſez hardi pour ſe charger de l'exécution. La Reine toutefois comprit qu'elle avanceroit ſa perte, ſi elle témoignoit de la crainte. Bèze ſe trouva à la Cour dans le tems que le Roi de Navarre y arrivoit. Le Prince lui dit que loin de ſe plaindre du maſſacre, qu'il devoit ſçavoir comme Avocat de l'Égliſe qu'*elle devoit endurer les coups & non en donner*. Le Miniſtre Proteſtant lui repartit que *ſi l'Egliſe étoit une enclume, qu'elle avoit uſé beaucoup de marteaux*. La Reine qui étoit préſente à cette con-

versation, donna le chagrin au Roi de 1562.
Navarre de n'avoir pas pris garde à ce manque de respect, afin de le dégoûter d'un séjour où on oublioit ce qu'on lui devoit. Cela eut un effet contraire; le Roi de Navarre patienta, prit courage, & malgré la défense faite au Duc de Guise d'entrer dans Paris, il y fit avec les deux autres Triumvirs, par la porte de S. Denis, une entrée, qui ne cédoit en rien à celle que les Rois ont coutume de faire par la même porte.

La Reine les voyant lever l'étendart, porta les choses à l'extrémité : pour se conserver les droits de la souveraineté, elle pria le Prince de Condé de la prendre avec ses enfans sous sa protection, & de venir les délivrer de l'esclavage où on les avoit réduits. Pour être hors de surprise, elle fut s'enfermer dans Melun : mais contre son attente le Roi de Navarre l'y suivit, & elle eut le chagrin d'y voir venir le Prevôt des Marchands, envoyé par le Triumvirat, afin qu'elle rendît les armes aux Bourgeois, pour qu'ils empêchassent que le Prince de Condé ne vînt s'emparer de Paris. De plus, ils l'obligèrent d'ôter au Maréchal de Montmorenci un de ses confidens, le gouvernement de la capitale. La Reine les satisfit, pour leur prouver qu'elle ne craignoit, & qu'elle n'avoit aucune intrigue avec les Calvinistes. Se voyant prisonnière à Melun, elle se retira à Fontaineblean, avec promesse aux Parisiens de conduire au plutôt le Roi dans leur ville. Elle n'y fut pas long-tems sans voir arriver les Triumvirs, qui, sans doute ayant appris les offres que le Prince de Condé lui avoit faites, la voulurent obliger à se fixer. Il n'est pas difficile de le faire, lorsqu'on n'a plus de liberté. Sur la nouvelle que le Prince de Condé s'approchoit de la Cour, les Triumvirs dirent au Roi qu'il ne pouvoit être en sûreté qu'à Paris. Le Roi de Navarre annonça d'un ton aſſuré, que le devoir de ſa charge l'obligeoit de l'y conduire ſur le champ, & malgré les oppoſitions qu'on y pouvoit faire. Sa Majeſté voyant ſa mère ne rien répondre, conſentit à partir; mais les larmes de dépit qu'il verſa, firent connoître qu'on pourroit ſe repentir de la violence qu'on lui faiſoit. Catherine n'avoit pas moins de chagrin; mais il falloit ou ſuivre le Roi, ou perdre le peu d'autorité qui lui reſtoit. Elle n'héſita pas, d'autant qu'elle prévoyoit que le parti Calviniſte ne ſeroit pas le plus fort; alors elle ſe déclara pour les Triumvirs, mais de façon à les occuper, & à ne pas laiſſer accroître trop leur puiſſance. Pour cela elle prit ſoin que le Prince de Condé ne s'emparât pas des plus fortes places: mais auſſi comme elle ne vouloit pas qu'il ſuccombât, elle tâcha de lui en faire prendre quelques-unes. Le Prince profita des bonnes intentions qu'elle témoignoit pour ſon parti. Mais comme il se fioit peu à elle, cela ne l'empêcha point d'exécuter les desseins qu'il avoit. Il le lui montra en surprenant Orléans, pendant qu'elle l'amusoit par de feintes promesses. Cette nouvelle allarma la Régente, parce que les Calvinistes étant assuré d'un réfuge, ne gardoient plus de mesures, & vouloient faire la paix en vainqueurs. Elle employa toutes ses ruses, pour adoucir les deux partis : elle étoit persuadée qu'ils ne tarderoient pas d'en venir aux mains; elle craignoit que le vainqueur ne s'emparât de l'autorité. Les Triumvirs disoient assez hautement qu'ils la relégueroient dans sa maison de Chénonceaux. Les Protestans étoient plus secrets, par conséquent elle les craignoit davantage. Cependant tous les deux partis vouloient mettre la justice de leur côté, ils témoignèrent beaucoup de desirs pour la paix. Les Triumvirs persuadés que les Protestans n'en vouloient point, ne firent pas difficulté de mettre leurs intérêts entre les mains de la Reine, cela obligea le Prince de Condé à accepter l'entrevue que Catherine lui proposa. Elle se fit à Touri le premier Juin : la démarche fut inutile, parce que le Roi de Navarre qui avoit accompagné Catherine, traita le Prince de Condé son frère avec tant de dureté, qu'on eût dit qu'ils eussent été toute leur vie ennemis. La Reine craignant les suites de l'emportement des deux Princes, rompit la conférence, & se retira avec d'autant plus de chagrin, qu'elle n'avoit servi qu'à aigrir les esprits.

Le mauvais succès de la conférence de Touri ne rebuta pas Catherine, elle gagna un nommé Belleville, Agent du Prince de Condé, qui le disposa insensiblement à une seconde conférence à Talsi, qui n'eut pas plus de succès, parce que le Prince s'apperçut qu'on ne cherchoit qu'à l'amuser, pour dissiper son armée, qu'il n'étoit pas en état de soudoyer : aussi dès qu'il eut quitté la Reine, il songea à réparer le tems qu'on lui avoit fait perdre.

Les Triumvirs firent la même chose, peu s'en fallut que la nuit même du retour du Prince de Condé à son camp, il n'enlevât l'armée Catholique. Ce fut pour lors que de part & d'autre on se traita d'ennemis, en exerçant l'un contre l'autre des cruautés qu'on aura peine à croire. Les Calvinistes se vengèrent à Tour sur le corps de S. Martin, de celles qn'on avoit exercées contre les Calvinistes de Blois. On avoit porté la fureur jusqu'à arquebuser une femme qui n'avoit pu se noyer dans la Loire, où on l'avoit jettée pieds & mains liés.

La guerre ayant commencé avec beaucoup de chaleur de part & d'autre, les Catholiques ne tardèrent pas d'avoir l'avantage. Chaque nouvelle mettoit la Reine dans une grande inquiétude; elle fut un peu raſſurée, lorſqu'elle apprit que ſans y avoir contribué les Triumvirs lui fourniſſoient une retraite, en cas qu'elle ſe brouillât avec eux. Cette retraite étoit la Normandie, qu'ils confièrent à la garde de Matignon, Gentilhomme tout dévoué à la Reine, ſans que les Triumvirs le ſçuſſent. Cependant cela ne la tranquilliſa pas longtems; elle prévoyoit qu'on l'en pourroit chaſſer par la force, elle chercha donc un autre aſyle, où, en cas de beſoin, elle pût être tranquille & en sûreté. Cet excès de prévoyance lui fit violer les loix fondamentales de l'État, & oublier les intérêts de ſes enfans. Il n'y avoit que le Duc de Savoye qui pût ſans crainte & ſans ſe brouiller avec les autres Puiſſances, la retirer chez lui; parce qu'ayant épouſé une fille de France, il pouvoit recevoir ſa parente & une Princeſſe malheureuſe. On n'auroit pu faire un crime à la Reine de cette retraite, parce que

le Duc n'étoit point ennemi de la France. Mais comme l'intérêt guide les Grands aussi bien que les Petits, Catherine, pour mettre le Duc dans la nécessité de l'obliger, commença par le prévenir, en lui faisant rendre toutes les places retenues par le Traité de Cateau-Cambresis, sous prétexte qu'on ne pouvoit les garder, & que les Calvinistes s'en empareroient. Elle flatta le Triumvirat en le fortifiant des troupes Françaises restées en Piémont. Comme les plus éclairés & les plus clair-voyans ne peuvent prévoir à tout, la Reine ne s'apperçut pas qu'en même tems elle fortifioit le
1563. parti Calviniste. Puisque par-là il attiroit sur leurs ennemis l'indignation du parti, qu'on appella depuis *Politique*, qui reprocha fort aux Triumvirs d'avoir trahi les intérêts de l'État & du Roi, & de tout sacrifier aux leurs.

Les Calvinistes étant maîtres d'Orléans & de Rouen, on se proposa contre le sentiment commun d'assiéger cette dernière place, parce qu'elle étoit plus à portée de recevoir du secours d'Angleterre, & qu'il ne falloit pas donner le tems aux Anglois de s'y fortifier. Orléans étoit plus foible, & d'ailleurs cette ville étoit dans le milieu du Royaume, & servoit de réfuge à tous les Calvinistes : mais le Duc de Guise aima mieux commencer par le plus difficile. Pour animer le Soldat, il mena la Cour à ce siège, qui affoiblit le Triumvirat en lui enlevant le Roi de Navarre *. La Reine parut fort fâchée de sa mort ; mais tous ceux qui connoissoient son ambition, ne crurent sa douleur sincère, que parce qu'elle craignoit le Prince de Condé plus que son frère. Par cette mort il étoit devenu le premier Prince du Sang, ainsi il avoit des droits sur la régence, & étoit 1562.

* Il fut blessé le 15 d'Octobre étant à la tranchée. Il mourut de sa blessure le 17 Novembre suivant à Andeli.

1562. homme à les soutenir ; c'étoit ce que Catherine craignoit, mais la prise de Rouen le mettoit hors d'état de les faire
Novembre. valoir sitôt. Le Roi & la Reine firent leur entrée dans Rouen par la brêche. Comme on ne pardonne rien aux Grands, il y en eut qui firent un crime à Catherine de s'être arrêtée, pour voir une fille nue qui étoit parmi les morts, qui avoient défendu la brêche. Je crois qu'on peut dire que comme elle aimoit tout ce qui étoit grand, qu'elle ne s'arrêta que pour envier la gloire de cette fille.

La Régente, pour engager la Noblesse à mettre bas les armes, accorda une amnistie pour tous ceux qui voudroient vivre tranquilles. Plusieurs en profitèrent, ce qui affoiblit les Calvinistes. Cela ne les empêcha pas néanmoins de donner
19 Décembre. peu de jours après la bataille de Dreux qu'ils perdirent ; mais dont Catherine eut seule le profit, puisqu'elle mit le Triumvirat hors d'état de se relever sans

elle. Si elle eût fait des ſouhaits, elle neût jamais oſé déſirer ce qui arriva dans cette biſarre journée. Le Prince de Condé tomba entre ſes mains ; le Connétable Montmorenci reſta dans celles des Calviniſtes, & le Maréchal Saint-André mort ſur le champ de bataille ; ainſi le Triumvirat ne ſubſiſtoit plus qu'en la perſonne du Duc de Guiſe. La Reine crut n'en avoir plus rien à craindre, mais elle ſe trompa, parce que toutes les vertus des Triumvirs ſe trouvèrent réunies en la perſonne du Duc, ſans en avoir les défauts. N'ayant plus de concurrens, il ſe trouvoit en état de les faire briller à ſon gré. Il lui eût été trop difficile d'entreprendre d'abattre à la fois deux partis, il commença par celui qui lui ſeroit le plus glorieux, perſuadé que s'il en venoit à bout, il contraindroit aiſément Catherine à lui abandonner l'autorité. Il commença par faire la guerre

1563. aux Calviniſtes avec tant de vigueur, qu'il eût fini la querelle en une ſeule campagne, ſi un miſérable ne l'eût aſſaſſiné dès le mois de Février devant Orléans. Poltrot, Gentilhomme Proteſtant, n'avoit eu, en le tuant, deſſein que d'attirer l'avantage dans le parti Calviniſte, néanmoins ce fut la Régente qui en tira tout le profit. Heureuſe contre ſon attente, elle ſe vit délivrée de tous les maux qu'elle craignoit; & ſi bien affermie dans l'autorité, qu'il lui vint dans la penſée qu'on la ſoupçonneroit d'avoir conduit la main de Poltrot. Pour prévenir tous les faux bruits, dès qu'elle eut appris l'accident mortel arrivé au Duc de Guiſe, elle ſe tranſporta au camp d'Orléans, & fit interroger le coupable dans la chambre même du Duc de Guiſe en préſence de ſa famille, & des plus conſidérables perſonnes du Royaume. Elle fit recueillir avec un ſoin extrême les moindres paroles de son interrogatoire, & donna de grandes marques de douleur de l'accident arrivé. On la connoissoit déjà si artificieuse, qu'elle ne put surprendre par ses larmes que ceux qui ne la connoissoient pas.

Le Duc de Guise étant mort, la Reine 1564. ne songea plus qu'à faire éclater les grands talens qu'elle avoit pour le gouvernement, aussi l'on peut dire que la mort du Duc de Guise fut le commencement de son règne. Elle avoit jusqu'alors plutôt été gouvernée, quoique malgré elle, qu'elle n'avoit gouverné : c'est ce qui avoit été la cause des maux de l'État ; car cette ambitieuse femme eût tout employé pour regner. Elle ne voyoit qu'une chose à craindre ; celle de vivre en Particulière. Comme cette crainte la dévora toujours, elle ne changea jamais de maxime, qui consistoit à tenir en balance les deux partis, & de les animer toujours à se détruire. Sa politique creusa tellement le précipice, que lorsqu'elle voulut le combler, supposé qu'elle ait jamais eu ce desir, son esprit ne suffit pas. Ce fut un bonheur pour la France d'avoir eu une Reine capable de la gouverner; mais son plus grand malheur fut de l'avoir eue dans un tems où elle ne pouvoit que causer sa ruine, & cela, parce qu'elle étoit persuadée que son intérêt étoit préférable à toutes choses. Les maux de l'Etat étoient déjà bien grands; mais si elle eût voulu faire changer sa politique d'objet, personne n'étoit plus en état d'y remédier qu'elle: elle avoit toutes les perfections du corps & de l'esprit qu'on pouvoit desirer. Agée de quarante-deux ans, elle étoit délivrée des emportemens, souvent involontaires, de la jeunesse; & si elle en eût quelques-uns, ils ne furent jamais connus en public. Ses ennemis l'ont accusée d'avoir eu des intrigues avec le Vidame de Chartres, mort à la

Bastille depuis deux ans, & avec un nommé Mescouet, Gentilhomme Breton : mais ce furent-là de ces soupçons que la malice suggère. Elle aima les plaisirs ; ce ne fut que parce que c'étoient des filets où se venoient prendre ceux qui se défioient de tout, excepté de ce piége. Pour cela, elle avoit toujours à sa suite cent Dames des plus belles & des plus spirituelles de l'Europe *. Elles lui ont rendus plus de services, que n'eût pu faire le gain de quatre batailles. Le Prince de Condé

* Voici ce que Mezerai dit à ce sujet. *En quelqu'endroit qu'elle allât, elle traînoit toujours avec elle tout l'attirail des plus voluptueux divertissemens, & particuliérement une centaine des plus belles femmes de la Cour, qui menoient en lesse deux fois autant de courtisans. Il falloit*, dit Montluc, *que dans le plus grand embarras de la guerre & des affaires, le bal marchât toujours : le son des violons n'étoit point étouffé par celui des trompettes, le même équipage traînoit les machines des ballets & les machines de guerre ; dans un même lieu on voyoit les combats où les François s'égorgeoient, & les carousels où les Dames se divertissoient.*

avoit vu le Roi de Navarre tomber dans ce piége, en s'amourachant de Mademoiselle Rouet, fille d'Honneur de la Reine; malgré cela, la belle Limeuil, fille d'Honneur aussi de Catherine, l'amena dans celui qu'elle lui tendoit par ordre de la Reine, à qui, selon la coutume, elle rapportoit tout. Elle comptoit tant sur les intrigues de ses filles, qu'elles la suivoient par-tout. On vit plus d'une fois ce serrail ambulant à la suite des armées; quelques belles qu'elles fussent, on eût dit que Catherine ne les eût choisies, que pour faire voir qu'elle les surpassoit par la beauté de son teint, la vivacité de ses yeux, par sa taille admirable & son air de majesté, qui ne diminuoit en rien celui de douceur, qui lui paroissoit comme naturel. Tous les jours elle changeoit d'habits, jamais on ne put discerner la parure qui lui convenoit, parce que toutes lui convenoient également, modestes ou galantes,

Portrait de Catherine.

galantes, ſimples ou ſuperbes. Sa beauté qui paroiſſoit incomparable aux yeux du Duc de Nemours, du Vidame de Chartres, du Prince de Condé, du Duc de Guiſe, du Baron de la Roche & de Lignerolles, fit penſer à pluſieurs que la Nature n'avoit pas pris plaiſir à la former, pour faire le ſupplice de tant de gens. Aux qualités du corps, elle joignoit celle de l'eſprit; mais elle les convertit preſque toutes en vices.

Henri.

Prodigue, & en même-tems attachée aux richeſſes; politique autant que femme peut l'être, mais fourbe, artificieuſe, ne cherchant jamais qu'à tromper; ambitieuſe, mais ne mettant pour ſatisfaire ſa paſſion qui la dévora toute ſa vie, aucune différence entre les moyens légitimes & ceux qui ſont défendus; on la vit ſouvent ſacrifier à ſon intérêt ſon devoir & ſa religion; infidèle aux Calviniſtes comme aux Catholiques; toujours prête à embraſſer la Religion qui pouvoit la faire regner, ne s'en cachant même pas ; car lorsqu'elle crut la bataille de Dreux perdue par les Catholiques, elle dit à ses Demoiselles d'un ton fort tranquille : *Eh! bien, nous prierons Dieu en Français.*

Elle aimoit à paroître en public, parce qu'elle avoit l'art de gagner les cœurs au premier abord ; elle aimoit les fêtes, les divertissemens, mais ce n'étoit qu'à proportion de la dépense. Elle avoit un esprit vif & pénétrant; fin & solide, il se soutint toujours dans le grand nombre de dépêches qu'on a d'elle. Personne de son tems ne l'emporta sur elle en manière de dresser une dépêche sur les affaires de l'État ; quelque fière qu'elle fût, elle reconnut que Marguerite, Reine de Navarre, dictoit mieux qu'elle un conte fait à plaisir. Elle en avoit composé cent par émulation ; mais lorsqu'elle confronta son ouvrage avec celui de la Reine de Navarre, elle le trouva si inférieur qu'elle le supprima. Quoique femme, elle sçavoit fort bien dissimuler & garder un secret; on croit que c'est elle qui porta le rafinement jusqu'à cacher aux Ambassadeurs ordinaires, le secret des choses les plus importantes dont ils étoient chargés. Du moins ce n'est que depuis elle qu'on a fait usage de cette politique, qui servit de règle au Cardinal de Richelieu.

Catherine, pour se faire voir dans tout son jour, crut qu'il falloit la paix, d'autant que les Catholiques restoient sans Chef. Au lieu que l'Amiral Châtillon remplaçoit très-bien le Prince de Condé : les Calvinistes n'y apportèrent pas grande opposition, parce qu'Orléans étant sur le point d'être forcé, la Princesse de Condé eût tombé dans les mains de la Reine, avec d'autant moins d'espérance, qu'on lui eût enlevé le Connétable de Montmorenci qu'elle avoit enfermé avec elle, pour plus grande sûreté, dans Orléans. Le Prince de Condé étoit tranquille, parce qu'il étoit bien assuré qu'on entreprendroit rien contre lui, tant que sa femme auroit entre ses mains le Connétable. Mais dès qu'il apprit l'extrémité où se trouvoit Orléans, il se rendit aux propositions de paix qu'on lui fit, avec d'autant moins de peine, qu'il n'en auroit pu espérer de plus avantageuses, quand même il eût été libre. Il oublia dans ces momens les intérêts d'un parti, qu'il ne regardoit plus comme le sien, voyant que la Reine lui rendoit à la Cour le rang que sa naissance lui donnoit. En effet pour le détacher entièrement du Calvinisme, Catherine sans crainte de déplaire au Duc de Guise, le combloit de civilités. Quoiqu'elle gouvernât pour lors absolument, elle n'entreprenoit rien sans sa participation, elle alloit au devant de tout ce qui pouvoit lui faire plaisir. Elle lui demanda seulement qu'il ne s'oppofât point à fa propre élévation, en favorifant un parti qu'il devoit regarder comme ennemi de l'État. Cependant comme elle fe défioit toujours de lui, elle différa toujours de lui donner la Lieutenance générale de l'État, fous prétexte qu'il falloit faire oublier au peuple qu'il avoit porté les armes contre fon Souverain. Mais craignant qu'il ne fe laffât de fes promeffes, pour l'empêcher d'y faire attention, & pour le retenir à la Cour, elle commanda à la belle Limeuil, qui plaifoit au Prince, de lui tendre des filets, dans lefquels elle tomba avec lui; car étant devenu groffe, la Reine chaffa cette fille d'honneur.

Malgré les précautions de Catherine, il étoit à craindre que la guerre ne recommençât, parce que la maifon de Guife accufoit l'Amiral Châtillon d'avoir excité Poltrot à affaffiner le Duc de Guife. Elle en demandoit vengeance ; il étoit aussi dangereux de l'accorder que de la refuser. La Reine, pour suspendre l'animosité des deux partis, évoqua l'affaire au Conseil, & trouva le moyen de réunir les Catholiques & les Protestans, pour recouvrer le Havre de Grace, que les derniers avoient livré à la Reine Elisabeth. L'on peut dire qu'elle eût encore tout l'honneur & le profit du siège ; elle approcha jusqu'à Fécamp, & conclut si à propos la paix avec Elisabeth, qu'on imputa à sa prudence le recouvrement des places dont les Anglois s'étoient emparés pendant la guerre civile. Cela augmenta tellement sa réputation, que la plus grande partie de ceux qui s'étoient donné aux Triumvirs, épousèrent ses intérêts. La Reine profita de leur bonne volonté & de l'absence du Cardinal de Lorraine, qui étoit au Concile de Trente. Maîtresse absolue, elle fit choix d'un Régiment d'Infanterie, pour la garde de Sa

C'est celui qu'on nomme le Régiment des Gardes Françoises.

Majesté, & rappella le Chancelier de Lhôpital, qui par ménagement pour le Triumvirat, s'étoit retiré de la Cour. La première preuve de sa reconnoissance fut de lui donner un conseil très-important. Le Cardinal de Lorraine à son retour, pouvoit rallier tous les amis de sa maison, & tenir tête à la Cour. Pour le prévenir, il lui conseilla de lui ôter, & à tous les prétendans, toute espérance de s'emparer du Gouvernement, en faisant déclarer son fils majeur, quoiqu'il n'eût que quatorze ans commencé. La Reine applaudit à son conseil sans hésiter; le Parlement de Paris pouvoit faire quelques difficultés, ce qui eût traîné en longueur une affaire qui demandoit une prompte exécution. Pour y remédier, le Chancelier lui dit qu'elle n'avoit qu'à le faire reconnoître au Parlement de Rouen; que l'honneur qu'elle lui feroit, le détermineroit à ne faire aucune opposition à ses volontés; ce qui arriva. Le 17 d'Août, le Chancelier y fit le Panégyrique de la Reine, en représentant au Roi qu'il ne pouvoit mieux faire que de prendre, dans ses doutes, conseil de sa mère. Le Roi répondit aux vœux du Chancelier & de la Princesse. La harangue finie, Catherine remit entre les mains de son fils l'autorité qu'on lui confioit; & pour montrer qu'elle vouloit donner l'exemple de l'obéissance, elle descendit de son trône, pour aller rendre à genoux ses devoirs au Roi. Le Monarque la prévint, l'embrassa, & dit hautement: qu'il n'acceptoit sa démission, que parce que le bien de l'Etat l'exigeoit: mais en même tems qu'il demandoit à partager avec elle l'autorité souveraine, ce qu'il feroit de grand cœur. Le Parlement de Paris murmura & se plaignit; mais la Reine l'appaisa & le fit obéir, par l'adresse qu'elle eut de gagner plusieurs membres de ce Corps, qui une fois divisé, plia sous ses volontés.

Dans le tems que la Reine ſe voyoit au comble de ſes deſirs, elle ſe trouva ſur le point d'en voir la fin. En ſortant de Gaillon elle fit une chute, qui lui donna un violent coup à la tête. Malgré toutes les remontrances qu'on lui fit, elle voulut remonter à cheval & continuer ſon chemin : le mal ne tarda pas à l'obliger de ne pas paſſer Meulan, & fit tout craindre pour ſa vie. On lui fit des inciſions à la tête qui la mirent à l'extrémité. Dans le tems qu'on n'eſpéroit plus rien, elle revint tout-à-coup : comme on ne vouloit point l'expoſer à de nouveaux dangers, la Cour y reſta tout le mois de Septembre, & l'on en partit que lorſque la Princeſſe fut entièrement rétablie. Ce fut pendant le ſéjour de Meulan que la maiſon de Guiſe vint donner une ſcène qu'elle s'at- 26 Sept.
tendoit de donner à Paris. Quelque lugubre qu'elle fût, la Reine, quoique malade, eût encore aſſez de fermeté

pour ne se point laisser gagner. Elle comprit que les Puissances étrangères n'animoient les Princes Lorrains, que pour plonger l'Etat dans de nouveaux troubles. Elle dissimula néanmoins, feignit d'être neutre entre les Guises & les Colignis, & se comporta si bien, sans choquer ni les uns ni les autres, que pendant trois ans elle traîna l'affaire en longueur, & rendit tous leurs grands mouvemens inutiles.

1564. La Reine signala le commencement de cette année, en se vengeant jusques sur les choses inanimées qui pourroient rappeller la mort funeste de son mari. Elle fit démolir le Palais des Tournelles qui avoit reçu ses derniers soupirs, & pour qu'on n'en élevât pas un autre sur ses ruines, elle le fit raser jusqu'aux fondemens, & se fit bâtir un Palais aux Tuileries : monument qui suffiroit pour éterniser sa mémoire, si elle ne l'avoit fait par mille actions indignes de la majesté royale.

Après avoir réglé les differends qui
survinrent au sujet de la publication du
Concile de Trente; la Reine voyant les
esprits tranquilles, entreprit, pour les
occuper, la visite du Royaume, autant
par curiosité que par nécessité. La Cour
commença par la ville de Sens, d'où
elle fut à Troyes. Ce qu'il y eut de plus
remarquable dans ce voyage, fut l'entrevue que la Reine eut à Bayonne avec
la Reine d'Espagne sa fille. Catherine
en cette occasion porta la magnificence
françoise jusqu'au comble. Tous les courtisans y firent des dépenses excessives
en tournois, en festins, en bals, spec-
tacles & mascarades. Mais pendant que
l'on passoit ainsi les jours, la Reine passoit les nuits en affaires plus sérieuses.
Elle étoit logée avec le Roi à l'Evêché,
& avoit fait construire tout proche un
Palais pour la Reine sa fille, qui com- 1565.
muniquoit par une grande gallerie avec
son appartement. Ainsi par ce moyen la

Reine ſe rendoit ſecrettement toutes les nuits dans l'appartement de ſa fille, & conféroit avec le Duc d'Alve, qui avoit accompagné la Princeſſe.

Ces conférences, dont il eſt impoſſible de rapporter le réſultat, ſervirent de prétexte aux Huguenots, las de la paix, pour reprendre les armes. Ils firent courir le bruit que les deux Reines avoient conclu une ligue pour maintenir l'ancienne Religion, & ruiner la nouvelle. Pluſieurs ont prétendu qu'ils y arrêtèrent la ſanglante exécution de la S. Barthelemi, & cela fondé ſur ce que la Cour de Rome avoit propoſé cette entrevue, & que Catherine fut depuis la plus ferme colonne du parti Catholique, elle qui juſqu'alors avoit témoigné tant d'inconſtance. Quoi qu'il en ſoit, la Reine ne put jamais guérir les Calviniſtes de leurs ſoupçons; tout ce
1566. Janvier. qu'elle leur accorda dans l'aſſemblée de Moulins, ne ſervit qu'à les perſuader

qu'on leur tendoit un piége. Ils prirent de si justes précautions, qu'elles leur donnèrent la hardiesse de tenter d'enlever le Roi lorsqu'il seroit à Meaux. Le projet fut conduit si secrettement, que la Cour eût été surprise, si la Reine, par un excès de prévoyance, n'eût ordonné la levée de six mille Suisses. Ce qui en avoit été cause, c'est qu'elle s'étoit brouillée avec le Prince de Condé.

Pour le retenir à la Cour, elle lui avoit promis, comme on a vu, la Lieutenance générale; pour se dispenser de lui tenir parole, sans donner au Prince sujet de se plaindre, elle avoit fait déclarer son fils majeur. Le Prince, malgré cela, n'avoit pas moins de desir de l'avoir; il crut avoir un prétexte de demander cette charge, en voyant les Espagnols qui étoient en armes sur les frontières de la France, quoique leur dessein fût de veiller sur les Pays-Bas. Le Prince représenta que la prudence demandoit qu'on ſe tînt ſur ſes gardes : la Reine pénétra le deſſein du Prince, elle feignit d'applaudir à ſa politique, & prit ce prétexte pour lever ſix mille Suiſſes : elle ſe comporta avec tant d'artifices en cette occaſion, qu'elle trompa le Prince & ſon parti. Dans ce tems-là un nommé Simon Dumai, pour éviter le ſupplice qu'il avoit mérité, dépoſa que l'Amiral Châtillon lui avoit offert de l'argent pour tuer la Reine. Cette calomnie ne fit aucune impreſſion ſur l'eſprit de la Princeſſe, qui parut la première croire l'Amiral innocent. Enfin il falloit ſe déclarer ; la Reine voyant que le Connétable, ſur qui elle comptoit, avoit eu la foibleſſe de conſentir que le Prince fût Lieutenant général de l'Etat ; charge qui alloit le laiſſer ſans fonction, pour déconcerter l'intrigue, oppoſa au Prince de Condé le Duc d'Anjou, frère du Roi. Il n'avoit que ſeize ans, mais il promettoit beaucoup ; elle lui repréſenta qu'à ſon âge les Rois étoient Capitaines, & que c'étoit à lui à demander une place qui le rendroit le premier homme de l'Etat. Le Prince qui brûloit du deſir de ſe ſignaler, ne tarda pas à s'expliquer. Il trouva le ſoir même au ſouper de ſa mère, dans la ſalle Abbatiale de S. Germain-des-Prez, le Prince de Condé; il lui dit nettement que s'il vouloit lui diſputer une place qui lui appartenoit, qu'il l'abaiſſeroit à proportion du vol qu'il vouloit prendre. Le Prince ne diſſimula l'inſulte qu'autant de tems qu'il en fallut pour prendre ces précautions, pour ſe retirer ſans donner des ſoupçons. Dès qu'il ſe vit libre, il leva le maſque, & prit le prétexte pour armer, de ce que le Duc d'Alve étant en armes, on ne ſe précautionnoit point contre lui; ce qui prouvoit qu'il ne cherchoit qu'à exécuter ce qu'il avoit projetté à Bayonne, contre les Calviniſtes avec la Reine. Pour mettre les dehors de la justice de son côté, sçachant que le Roi qui étoit à Monceaux étoit fort mal accompagné, le Prince & l'Amiral concertèrent de l'enlever. Le secret ne fut pas entièrement gardé; cependant s'ils eussent usé de promptitude, ils eussent réussi, parce que la Reine sçavoit seulement en général qu'ils avoient formé un dessein hardi. Elle mit des espions en campagne, elle envoya visiter l'Amiral, qu'on trouva dans son jardin qui émondoit les branches des arbres; ce qui fit penser à la Reine qu'il se fût appliqué à autre chose, s'il eût eu quelque projet en tête. Ainsi elle resta dans cette assurance jusqu'au 28 Septembre, qu'on vint l'avertir qu'on avoit vu deux mille hommes sur le chemin de Rosoi. On tint au plutôt conseil, heureusement que le Duc de Nemours sçut persuader, malgré le Connétable, que le Roi se perdoit sans ressource s'il s'enfermoit dans Meaux. La

Reine, qui ſe trouvoit dans un grand embarras, ſe décida pour ſon avis ſans ſçavoir pourquoi. La vue du danger lui ôtoit la liberté d'opiner. En reſtant dans Meaux, la ville pouvoit être forcée avant qu'elle fût ſecourue. Pour lors on n'eût pu jetter un plus beau coup de filet. Elle avoit avec elle quatre cens Dames des plus belles qui la ſuivoient par-tout, & qui fuſſent devenues la première proye du vainqueur : dans la marche elles cauſoient de l'embarras, ainſi le danger n'étoit guères moins grand en partant qu'en reſtant. Par un bonheur des plus inopinés, les ſix mille Suiſſes dont j'ai parlé, arrivèrent ſi à propos à Meaux, qu'il n'y avoit pas un quart-d'heure à perdre. On partit au milieu de la nuit; le Duc de Nemours diſpoſa la marche ſi promptement & avec tant d'ordre, qu'il avoit déjà fait quatre lieues à la pointe du jour. Juſques-là ce voyage n'avoit été qu'une promenade; les

Suiſſes qui avoient juré de conduire le Roi à Paris, tant qu'un des leurs auroit des bras, chantoient, lorſqu'ils rencontrèrent les Calviniſtes qui leur fermoient chemin. Ils firent ſi bonne contenance, qu'ils ſe l'ouvrirent. La Reine qui étoit au centre avec le Roi, & tout ſon cortège, n'étoit pas pour cela plus raſſurée. Le Prince n'ayant pu ouvrir le bataillon par le front, tâcha de l'enfoncer par ſa queue : le Connétable qui n'étoit pas aſſuré de ſa victoire, eut recours à la ruſe ; il conſeilla à Leurs Majeſtés, pour tromper les Calviniſtes, de prendre le devant, ſous l'eſcorte de deux cens chevaux. Elles le firent, & arrivèrent heureuſement à Paris ſur les quatre heures du ſoir, ſans avoir rien mangé du jour. Le Prince de Condé ayant ſçu que la proye étoit échappée, ſe retira, en ſe flattant de pouvoir la recouvrer à Paris, deſtitué de vivres.

La Reine tâcha de l'y amuſer, par la

voye des négociations. Elle promit beaucoup, le Prince accepta; mais il voulut avant tout, qu'on tînt les Etats généraux, que la Nobleſſe Calviniſte reprît ſon rang à la Cour, & que le peuple fût déchargé des impôts. La Reine ſoupçonna que ces articles n'étoient dreſſés que pour elle. Elle redoutoit les Etats, depuis qu'ils avoient parlé de la réduire à une vie privée. Comme elle ne pouvoit fournir aux dépenſes extraordinaires par les voyes uſitées, elle avoit tendu les bras à tous ceux qui lui donnoient le moyen d'avoir de l'argent. Par-là les partiſans Italiens, dont l'Etat fourmilloit, s'étoient inſinués dans ſes bonnes graces. Pour r'avoir leur argent, ils accabloient le peuple d'impôts; on s'en étoit pluſieurs fois plaint. Pour toute réponſe, elle diſoit: *Dieu ſoit beni de tout, mais il faut trouver de quoi vivre.*

La Reine s'imaginant que le Prince n'avoit cherché qu'à la choquer, uſa de représailles. Elle fit sommer les Calvinistes, de déclarer qui étoient ceux qui n'avoient pris les armes que pour la réforme de l'Etat & par le motif de Religion; parce qu'accordant aux derniers ce qu'ils demandoient, ils eussent à mettre les armes bas, ou qu'elle les traiteroit, avec les premiets, comme rebelles. Cette ruse déconcerta tellement les Chefs Calvinistes, qu'ils perdirent le tems, ne demandèrent plus rien, & s'empressèrent à publier qu'ils n'avoient tous que le motif de Religion. La Reine contente de cet avantage, ne voulut plus de paix, parce qu'elle trouva n'avoir plus rien à craindre des Calvinistes. Cependant elle se vit obligée de leur accorder une conférence à la Chapelle; elle y envoya le Connétable, le plus zélé Catholique, qui rompit la conférence, lorsqu'il les entendit s'obstiner à vouloir une liberté de conscience sans restriction. Quelques jours après on chercha

à finir la querelle dans la plaine de S. Décembre
Denis : les Catholiques s'y attribuèrent la victoire. Ce fut tout l'avantage qu'ils eurent, encore les Calvinistes le disputèrent-ils, tout chimérique qu'il fût. 1567.
L'on peut dire que la Reine eut seule encore tout le profit de cette journée, qui la délivra du dernier des Triumvirs. Elle le pleura cependant beaucoup, mais on ne sçavoit si c'étoit de joye ou de tristesse. La plus grande partie étoit du premier sentiment; on sçavoit, à la vérité, que le Connétable Montmorenci avoit toujours été zélé pour ses intérêts : mais aussi on sçavoit qu'il l'étoit encore plus pour ceux de l'Etat, & que le Roi se lassant d'être en tutelle, il vouloit désormais regner. Montmorenci étoit le seul qui pût l'affermir, dans ce dessein si favorable à l'Etat. La Reine au contraire ne craignoit rien tant que d'être éloignée des affaires; ainsi par la mort du Connétable, elle ne trouvoit plus

personne qui cherchât à lui enlever la puissance royale qu'elle ne vouloit pas, pas même partager avec son fils.

Le Roi ayant perdu le Connétable, le seul Chef des Catholiques, elle craignit qu'il ne lui prît envie d'essayer ses forces, & qu'il ne vînt à connoître qu'il pouvoit regner & commander par lui-même. Pour l'en empêcher, elle lui opposa son frère, & lui dit que pour prévenir les concurrens, qu'il devoit lui donner l'emploi de Connétable, sans quoi il seroit forcé de le donner au Prince de Condé. Le Roi à ce discours perdit pour la première fois le respect à sa mère; il lui répondit en colère, qu'il étoit assez fort pour porter son épée, & qu'il ne lui convenoit pas de lui offrir son cadet, pour faire ce qui étoit du devoir du Monarque. La Reine surprise, pour l'adoucir, lui répondit modestement, qu'elle n'avoit pas dessein de le mettre à la tête des armées, pendant qu'il joueroit le personnage d'un Roi fainéant, qu'elle ne vouloit ſeulement que lui procurer un vain titre : d'ailleurs que le Roi étoit toujours le maître par-tout où il ſe trouvoit. Sa Majeſté par ſon ſilence, lui fit connoître qu'il ne goûtoit point ſon diſcours. Mais comme elle ſçavoit qu'il la craignoit & qu'elle l'aimoit, elle ne quitta point priſe, qu'il n'eût accordé au Duc d'Anjou, du moins la Lieutenance générale. Ce détour étoit le même, parce qu'un Lieutenant général de l'Etat, tel qu'avoit été le Duc de Guiſe, n'étoit pas moins conſidérable qu'un Connétable ; pourtant elle ne gagna le Roi qu'en lui prouvant la différence ; encore s'il ſe rendit, ce fut parce qu'il ne voulut point ſe brouiller avec elle, étant perſuadé qu'il ne mettroit jamais fin à la guerre ſans elle.

La Reine ſatisfaite, donna pour conſeil au Duc d'Anjou, Coſſé & Biron, deux Généraux des plus expérimentés.

La guerre ſe fit vivement ; mais dès qu'elle apprit que les deux armées étoient ſur le point de ſe battre, elle eut recours à la négociation : ce fut ſincèrement, parce qu'elle craignit que ſon cher fils ne vînt à être tué, & que le Roi ne vînt à perdre ſon autorité, ſi le parti Catholique perdoit la bataille. Les Calviniſtes lui voyant faire les premières démarches, crurent qu'on les redoutoit ; ils firent des propoſitions ſi fières, que la Reine, malgré le deſir qu'elle avoit de le leur accorder, ne put rien octroyer de ce que le Comte de Beauvais * lui demanda, il ne voulut ſe relâcher en rien, ni en conſidération de la Reine ſa bienfaitrice, ni par la vive repréſentation du danger que couroit la monarchie. Les Calviniſtes toutefois évitèrent la bataille, parce qu'ils ne ſongeoient qu'à favoriſer l'entrée des Allemans en

* Le Cardinal de Châtillon avoit pris ce nom depuis ſon mariage.

France

France : cela les mit en état de venir assiéger Chartres. La Reine sans se rebuter, négocia de nouveau ; elle espéroit trouver le Cardinal de Châtillon plus souple & plus complaisant, mais l'intérêt fait tout oublier. Cependant ce qu'elle ne put conclurre à Châlons & à Vincennes, fut arrêté à Longjumeau, parce que les Calvinistes craignirent d'être obligés à lever le siège de Chartres, manquant d'argent pour payer les Allemans qui se mutinoient. La Cour pour les renvoyer, se chargea du payement. La paix ne dura pas trois mois, ou plutôt on ne l'observa point ; car la Reine donna ordre au Maréchal de Cossé d'exterminer tous les Calvinistes qu'il trouveroit armés sur la frontière de Picardie, & qui favorisoient, disoit-elle, les rebelles des Pays-Bas. Les Calvinistes se vangèrent ; ainsi on n'entendoit parler par-tout que de meurtres. Le Roi & le Chancelier de Lhôpital cherchè-

1668.

27 Mars.

rent à remédier à ces désordres; mais Catherine qui, ainsi qu'une salamandre, ne vivoit contente qu'au milieu du feu des guerres civiles, rompoit toutes leurs mesures. Elle fut fâchée de voir qu'elle en apprenoit au Roi plus qu'elle ne vouloit qu'il en sçût, & qu'il lui fit connoître ses véritables intérêts. Ainsi elle s'appliqua à le rendre suspect à Sa Majesté : elle n'employa pour cela que le proverbe commun : *Dieu nous garde de la messe du Chancelier.* Elle lui dit que toute sa famille étoit Calviniste, & que s'il ne l'étoit pas, c'étoit pour se conserver les sceaux. Le Roi qui ignoroit les particularités, ne fit plus cas des conseils du Chancelier. Catherine qui redoutoit son zèle, employa encore d'autres artifices pour le perdre. L'occasion s'en trouva, au sujet d'une Bulle que la Reine avoit demandée à Pie V ; c'étoit pour pouvoir aliéner une partie des biens Ecclésiastiques. Le Chancelier voyant que les conditions que le Pape exigeoit ſeroient plus dommageables au Roi, que la ſomme ne lui ſeroit avantageuſe, s'oppoſa à ſa réception. La Reine dit au Prince que le Chancelier ne cherchoit qu'à le brouiller avec la Cour de Rome: Sa Majeſté la crut, & ferma les oreilles aux remontrances du Miniſtre. Le Chancelier voyant qu'on ne faiſoit plus cas de lui, prévint l'orage, en ſe retirant volontairement. La Reine fit donner les ſceaux à Morvilliers, qui n'avoit pas moins de probité, mais qui n'avoit pas aſſez de fermeté, ni de pénétration d'eſprit, pour tenir tête à la Reine: auſſi fut-elle bien perſuadée de ne plus trouver d'oppoſition dans le Conſeil. Comme elle vouloit la guerre, pour en avoir l'occaſion, elle tenta l'enlevement du Prince de Condé & de l'Amiral Châtillon. Elle en donna la commiſſion à Tavannes, qui ne ſe trouva pas d'humeur de la ſatiſfaire ; mais elle n'arriva pas moins à son but. La guerre recommença, & la Reine de nouveau eut tout le profit. La bataille de Jarnac que le Duc d'Anjou gagna, la défit du seul Prince qui lui fit ombrage. Les Calvinistes ne s'apperçurent presque point de la mort du Prince de Condé. Coligni les rassura. Dans le tems que la Reine croyoit le parti abbatu, elle apprit l'avantage qu'ils avoient remporté au combat de la Roche-Abeille, & qu'ils traversoient la France en vainqueurs, ayant en tête un Chef, à qui il ne manquoit plus rien pour faire voir sa capacité. Etonnée de cette victoire, elle fut joindre en Limosin le Duc d'Anjou, pour prendre des mesures qui pussent empêcher la jonction des Allemands avec l'Amiral : mais ce grand Capitaine, non seulement l'en empêcha, mais encore lui donna le chagrin d'apprendre une nouvelle défaite. Cependant la fortune ne le favorisa que

1569. Le 13 Mars.

Juin.

pour le mieux tromper, en voulant éviter un piége, il tomba dans un autre.

La Reine, pour affoiblir l'Amiral, fit faire une diversion dans la Principauté de Béarn, espérant que les meilleures troupes de l'Amiral étoient Gasconnes, le quitteroient, pour aller secourir le domaine de la Reine de Navarre, dont ils étoient pour la plûpart sujets. Il arriva tout le contraire de ce qu'elle avoit prévu : la Reine de Navarre leur fit défendre de quitter l'Amiral. Les Calvinistes voyant que son attachement pour son parti l'emportoit sur l'intérêt dans l'esprit de cette Princesse, vinrent s'enrôler à l'envi l'un de l'autre. L'Amiral en eut assez pour former dix-huit Enseignes d'Infanterie : avec ce renfort il fut tenter la fortune devant Poitiers. La Reine connoissant l'importance de cette Place, crut trouver plus de ressources dans ses intrigues que dans la force. Les Calvinistes venoient de per-

dre d'Andelot, frere de l'Amiral ; mais celui-ci trouvoit en lui-même dequoi réparer les pertes de son parti. Catherine essaya de les en priver, à force d'argent & de promesses. Elle gagna Leblanc, valet de chambre de l'Amiral, à qui elle fit grace de la vie, comme rebelle. Par reconnoissance, outre les secrets qu'il revela à Catherine, il lui promit d'empoisonner l'Amiral. Mais avant de consommer son crime, il fut découvert & pendu. L'Amiral craignant qu'un autre ne prît mieux ses mesures, après avoir levé le siège de Poitiers, fut chercher les Catholiques pour les combattre, préférant une mort honorable à celle qu'il pourroit recevoir d'un
1569. 3 Octobre. assassin. Il trouva le Duc d'Aujou à Moncontour, & la Reine eut de nouveau la joye d'apprendre que son fils avoit, à l'âge de seize ans, triomphé du plus grand Capitaine de l'Europe. Au reste, il n'en eut que la gloire, parce qu'au

lieu de poursuivre l'Amiral, il s'amusa mal-à-propos devant Saint-Jean-d'Angely, qu'on ne prit, que parce que la Cour ne voulut pas avoir la honte d'avoir fait un voyage en vain.

La Reine voyant que les Calvinistes n'étoient point affoiblis après la perte de quatre batailles, eut recours à ses artifices ordinaires, pour ruiner ce parti, qu'elle croyoit invincible par les armes, à cause des ressources qu'il trouvoit en Allemagne. Elle fit parler de paix, les conditions d'abord ne furent proposées que par bienséance, pour ne pas dire que le Monarque recevoit la loi de ses Sujets, & pour ne pas laisser entrevoir que Catherine ne trouvoit plus aucune voye pour réduire le Royaume sous l'obéissance absolue de son fils. D'ailleurs la paix étoit absolument nécessaire pour ses desseins. Le Roi jaloux de la gloire de son frère, vouloit absolument commander son armée; la Reine le connoiſſant emporté, & ſçachant qu'il n'écouteroit que ſon courage, craignoit qu'il ne vînt à haſarder une bataille, dont il ne ſe fût jamais relevé s'il l'eût perdue. Ainſi ce ne fut pas tout-à-fait par prédilection pour le Duc d'Anjou qu'elle aima mieux le voir à la tête des armées que le Roi ; ce fut par une politique & une prudence conſommée. Elle prévoyoit ſa perte, ſi le Roi venoit à avoir le deſſous, ce qui pouvoit très-bien arriver : rien n'étant ſi journalier que le ſuccès des armes, au lieu que dans le cabinet elle ne craignoit rien : elle avoit aſſez bonne idée d'elle-même, pour ſe flatter qu'elle l'emporteroit ſur les Chefs des Calviniſtes. Elle ne ſe trompa point ; ce n'eſt pas cependant qu'elle ſongea, comme quelques-uns l'ont mal-prétendu, dès-lors au maſſacre de la S. Barthelemi. Elle ne ſongeoit qu'à priver les Calviniſtes de leurs Chefs, aſſurée qu'un corps ſans tête eſt bientôt abbatu. Dès qu'elle eût persuadé son fils que la voye des armes étoit inutile pour exterminer l'hérésie, elle lui suggera d'autres moyens, entr'autres 1570. de faire une paix qui les aveugla : elle réussit dans son dessein. Comme on ne disputa que pour sauver l'honneur du Prince, il ne fut pas difficile d'y faire consentir les Calvinistes, à qui on fit de si grands avantages, que plusieurs commencèrent à se tenir sur leurs gardes, étant comme assurés qu'on leur tendoit quelques piéges. On ne se cacha même pas dans le public, puisqu'on surnomma cette paix la mal-assise ou la boiteuse, parce qu'elle avoit été conclue par Biron qui étoit boiteux, & de Mesmes, Seigneur de Malassise. Les Chefs Calvinistes furent les plus rassurés. La Reine pour les endormir, ne parla plus que de divertissement, & la Cour ne s'occupa que des tournois, des parties de plaisir. Au milieu de tout cela, la Reine

Traité S. Germ[illegible]

s'occupoit de toute autre chose, elle avoit tout employé pour engager les Calvinistes à la paix; elle ne fut pas plutôt conclue, qu'elle fit tout ce qu'il faut pour la rompre. Les liaisons qu'elle avoit avec le jeune Duc de Guise étoient suffisantes, si l'Amiral n'eût pris plaisir à s'aveugler. Il est vrai qu'elle lui donna tant de marques extérieures de confiance, qu'on ne doit pas en être surpris, surtout lorsqu'on sçaura que pendant plus de quinze mois elle sçut dissimuler si parfaitement, qu'il n'y a qu'une Italienne qui puisse avoir une telle constance. Toute fine qu'elle fût, Élisabeth, Reine d'Angleterre, sçut à son tour la tromper, en feignant d'épouser le Duc d'Anjou, pour l'aggrandissement duquel elle avoit une passion extraordinaire. La Reine de Navarre le fut aussi; mais Catherine en tira encore le profit, parce que cette Reine piquée d'avoir été jouée, se détermina à don-

ner ſon fils en mariage à Madame, ſœur du Roi, & dès-lors forma le projet de ſe défaire de tous ceux qui pouvoient contrebalancer ſon autori- 1571.
té. Elle trouva la choſe fort facile, parce que l'Amiral qui, juſqu'alors avoit eu la prudence de ne point venir à la Cour, regardant ce mariage comme le nœud de la paix, ne fit point de difficulté d'y venir. Son voyage ne fit qu'augmenter ſon erreur : Catherine le voyant ſenſible aux careſſes, ne les ménagea point. Elle prit dès-lors ſes meſures avec l'Eſpagne, pour qu'elle ne fût point étonnée, ſi pour endormir l'Amiral, on feroit courir le bruit que le Roi avoit deſſein de porter la guerre 1572.
dans les Pays-Bas. Ce fut-là le piége que la Reine employa plus efficacement pour tromper l'Amiral : car, quoiqu'elle ait mis en jeu tous les artifices dont ſon eſprit étoit capable, ſans celui-là ils euſſent été inutiles, puiſqu'il arriva un

accident, qui manqua de déconcerter
Le 10 Juin. tous les desseins de Catherine. Ce fut la mort de Jeanne d'Albret, Reine de Navarre, & mère de Henri IV. Par attachement pour son parti, s'étant déterminée à faire épouser son fils à Madame, elle vint joindre la Cour à Blois pour dresser les articles. Catherine lui fit rendre des honneurs extraordinaires, & agit avec elle dans toute la familiarité de deux femmes, dont les enfans devoient s'épouser : mais l'on peut dire que ce ne fut qu'à l'extérieur, & qu'elles s'embarrassoient mutuellement; toutes les deux s'étudioient à dissimuler leurs sentimens, Catherine l'emporta, parce que la Reine de Navarre avoit trop de vertu pour pouvoir cacher la violence qu'elle se faisoit, en restant dans une Cour si corrompue. Catherine se trouvant quelquefois choquée de son scrupule, s'en vengeoit en la mortifiant à son tour; ce qui n'est pas difficile à

une femme qui a l'autorité, & dont le plaisir est de la développer. La Reine Jeanne, pour donner un peu de relâche à la violence qu'elle se faisoit, partit la première pour Paris, sous prétexte des préparatifs pour les noces. Elle ne parut pas long-tems sur la scène; elle tomba malade le 5 Juin, & mourut cinq jours après. Sa mort fit grand bruit : les Calvinistes publièrent que la Reine l'avoit fait empoisonner, par le moyen d'une paire de gants, qu'elle lui avoit fait vendre par un Parfumeur Italien. Catherine prévoyant le soupçon qu'on pourroit avoir, ordonna qu'on fît l'ouverture de son corps; mais les Calvinistes, malgré cela, soutinrent que Catherine n'avoit par ce moyen que voulu éblouir, puisqu'elle avoit défendu qu'on lui ouvrît la tête; ou du moins que ceux qui avoient fait l'ouverture de son corps l'avoient si bien servie, qu'ils l'avoient oublié à dessein. Au reste, il est difficile de décider si on fit l'ouverture de son cerveau *; mais quoi qu'il en soit, la calomnie n'en est pas moins évidente : car si l'on n'ouvrit pas son cerveau, c'est que les Chirurgiens trouvèrent une cause si naturelle de sa mort, à l'ouverture du côté gauche, qu'ils tinrent pour inutile la visite des autres parties. Ce fut un abscès occasionné par les fatigues & la délicatesse de son tempérament. D'ailleurs Caillart, Médecin de

---

* « Favin contemporain, dit : son cerveau » fut scié par un Chirurgien nommé Desneux, » il étoit de Paris, en la présence de Caillart, » Médecin ordinaire de la Reine Jeanne & » de sa Religion, y furent trouvées certaines » petites bubbes pleines d'eau entre le crâne » & la taye du cerveau, sur laquelle s'épandant, elle causoit démangeaison. Au reste, » cette taye du cerveau étoit belle & nette, » ce qui n'eût point été, si on l'eût empoi» sonnée. Les poulmons se trouvèrent gâtés » au côté droit, avec une dureté & callosité » extraordinaire, & une apostème assez grosse, » laquelle s'étant crevée dans le corps, fut » cause de la mort de la Roine. *Hist. de Nav.* » *liv. 14.* »

la Reine, & Desneux son Chirurgien,
Protestans passionnés, assurèrent qu'ils
n'avoient trouvé aucune marque de poison, & que sa mort étoit très-naturelle.
Pour disculper entièrement Catherine 1572.
de ce crime, il faut songer qu'elle n'é-
toit point d'un caractère à commettre
une pareille action sans nécessité & sans
espérance de profit, au lieu que celle-
ci suffisoit pour rompre tous ses projets;
& que malgré les preuves qu'elle apporta du contraire, il falloit que les
Chefs des Calvinistes fussent aussi aveu-
gles qu'ils l'étoient, pour ne pas faire
les réflexions que plusieurs firent, qu'*ils
avoient mauvaise opinion d'un mariage
qu'ils voyoient éclairé d'une torche funèbre.*

Catherine, qui auroit pensé ainsi qu'eux, employa toutes ces ruses pour les rassurer. La meilleure fut de continuer à remplir la tête de l'Amiral de la guerre avec l'Espagne. Elle le vit si bien pris dans les filets, qu'elle ne cacha presque plus les meſures qu'elle prenoit pour le perdre & ſon parti. L'on aura toujours peine à croire que la mèche, après avoit été ſi ſouvent éventée, ait pu prendre feu. Mais l'Amiral à tout ne répondoit rien autre choſe, ſinon qu'il aimeroit mieux être traîné ſur la claie, que de commencer une quatrième guerre civile. L'engourdiſſement du Chef ſe communiqua à tous les membres. Catherine n'eut plus à ſurmonter que les difficultés que faiſoit la Cour de Rome, de laiſſer épouſer un Prince Proteſtant à Marguerite ſa parente, Princeſſe Catholique. Un Pape trop rétif pour Catherine, vint heureuſement à mourir: ſon ſucceſſeur ſeconda Catherine; mais le Cardinal de Bourbon, à qui on avoit adreſſé la diſpenſe, eût fait manquer le coup, ſi Catherine, pour raſſurer ſon ame timorée, n'en n'eût fait dreſſer une par un fauſſaire, telle qu'il l'a ſouhaitoit pour les marier. Ce qu'il fit le 22

Août à Notre-Dame. On n'oublia aucun des divertissemens alors en usage : la fête se passa sans tumulte & sans trouble. Elle ne fut interrompue que par l'assassinat commis en la personne de l'Amiral Coligni Châtillon ; mais il n'empêcha pas Catherine d'exécuter le 25 Août l'exécrable projet qu'elle médi- 1572.
toit depuis si long-tems, & qu'elle sçut faire approuver par son fils, non moins avide de sang.

Je ne détaillerai point ici le massacre de la S. Barthelemi, parce que j'ai prouvé ailleurs que Catherine en fut l'ame. Il me suffit de répéter ici, que son dessein étoit d'exterminer le parti des Colignis, des Guises & des Montmorencis, & que l'assassinat de l'Amiral fut le signal qu'elle donna pour cette révolution, qui, contre toute apparence, n'arriva pas, quelques assurées que fussent les mesures qu'elle prit. Au reste, cette Princesse pendant trois mois usa d'une dissimulation parfaite. L'idée de cet affreux projet, qui ſut concerté trois mois avant*, ne lui inſpira jamais la frayeur naturelle à ſon ſexe. Cette ſanguinaire Princeſſe vit toutes les horreurs de cette journée d'un œil tranquille : elle ne fut embarraſſée qu'à entretenir ſon fils dans les mêmes diſpoſitions, elle regardoit ce jour comme celui de ſon triomphe. Elle entrevoyoit ſi ſon projet réuſſiſſoit l'accroiſſement de ſon autorité, & croyoit que ſon ambition ſeroit ſatisfaite quand elle n'auroit plus de concurrens ; mais malheureuſement pour elle, l'*amorce*, dit Mezerai, *ne prit pas feu comme elle l'avoit imaginé*. L'Amiral fut aſſaſſiné ; les Proteſtans ne prirent point les armes, deux jours après ils furent égorgés : le Duc de Guiſe qu'elle avoit mis à la tête de tous ces bouchers, quoique

* On a encore les Lettres que cette Princeſſe écrivoit à pluſieurs Gouverneurs de Province, à qui elle recommandoit de ne les ouvrir que le 24 Août.

le plus exposé au danger, n'en courut aucun. En vain elle tâcha de rejetter sur les Guises l'horreur de cette journée, pour exciter quelque nouvelle révolution. Elle se consola avec la tête de l'Amiral qu'elle se fit apporter, & qu'elle conserva. Il ne lui manquoit, pour rendre ce présent le plus précieux qui fut pour elle, que d'y pouvoir mettre en parallèle celle du Duc de Guise.

La Cour n'étant pas encore rassasiée de sang, on lui fit faire une action encore plus odieuse quelques jours après; ce fut d'aller à la Grève y voir pendre Briquemant, vieillard de soixante-dix ans, & Cavagnes, Maître des Requêtes, qu'on immoloit, pour faire accroire au Public qu'il y avoit eu une conspiration de la part de l'Amiral. La Reine & son fils virent cet horrible spectacle avec plus de plaisir que celui de la plus belle fête.

La boucherie qu'on fit des Protestans,

au lieu de réduire ceux qui ſurvivoient, ne les fit qu'animer, il fallut les aſſiéger dans la Rochelle ; & pour ſauver l'honneur de la Cour, que le Duc d'Anjou fût élu Roi de Pologne, ce qui ſervoit de prétexte plauſible pour lever le ſiège. Cette élection étoit l'ouvrage de Catherine, qui, pour cette négociation, avoit envoyé Montluc. Lorſqu'elle en vit un ſuccès heureux, elle n'y fut pas beaucoup ſenſible, parce qu'il falloit ſe ſéparer d'un fils qu'elle aimoit éperdument, &, pour ainſi dire, uniquement ; il la payoit de retour : ainſi elle eût mieux aimé le voir Roi de France, parce qu'il avoit plus de complaiſance
1574. pour elle que Charles IX. Néanmoins il fallut partir, elle le reconduiſit juſqu'à Blamont en Lorraine. Elle eut avec lui une longue conférence ſur ce qu'il faudroit faire, ſi le Roi, qui commençoit à ſentir quelques attaques d'incommodité, venoit à mourir. Les larmes

qu'elle répandit en le quittant, firent ſoupçonner mal-à-propos à pluſieurs que pour le voir regner en France, elle empoiſonna Charles IX. Ce ſoupçon eſt auſſi mal fondé que celui qu'on eut au ſujet de la mort de François II.

La Reine s'apperçut bien à ſon retour à la Cour, que l'abſence ruine plus d'affaires que les intrigues. Le Duc d'Alençon, frère du Roi, ne vit pas plutôt ſon frère parti, qu'il demanda la Lieutenance générale du Royaume. Les Montmorencis appuyèrent ſa demande; la Reine prévoyant que ce ſeroit fait de ſon autorité, ſe lia d'intérêt avec le Cardinal & le Duc de Guiſe. Pour ſe les attacher, elle leur promit de faire donner la Lieutenance de l'État à Charles, Duc de Lorraine. Cela n'eût pas réuſſi, ſi elle n'eût ſçu les brouiller avec le Maréchal de Montmorenci, en inſinuant publiquement que le Maréchal avoit engagé Ventabien, ſon ancien domeſtique, pour aſſaſſiner le Duc. Pour indiſ-poſer le Roi contre le Duc d'Alençon, elle lui fit entendre que Ventabien avoit tenté d'aſſaſſiner le Duc de Guiſe par le conſeil de Montmorenci, & que c'étoit le Duc d'Alençon qui lui avoit donné le conſeil. L'impoſture ne pouvoit être plus grande, on ſçavoit publiquement que le Duc de Guiſe irrité que Ventabien eût oſé lui parler contre ſa défenſe, avoit tiré l'épée dans le Château de Saint-Germain pour l'en punir. Ceux qui en avoient été témoins, avoient rapporté au Roi ce manque de reſpect; mais il crut plutôt ſa mère : ou plutôt le trouble qu'elle jetta dans ſon eſprit, en lui diſant que ſon frère faiſoit le métier d'aſſaſſin, lui ôta la liberté d'eſprit. Le Duc voyant que le Roi ne lui donnoit point la Lieutenance de l'État, projetta de s'évader de la Cour; mais avant l'exécution, la Reine ſçut arracher ſon ſecret : il lui apprit que le Roi

de Navarre & pluſieurs autres Grands avoient réſolu de le mettre à la tête des Calviniſtes : la Reine profita de tout ; 1574.
pour n'avoir perſonne qui lui conteſtât la Régence après la mort de Charles IX, & pour pouvoir décider du ſort des Princes, elle publia qu'il y avoit une conſpiration formée contre le Roi. Auſſitôt elle le fit partir pour Vincennes, où il fut défendu au Roi de Navarre & au Duc d'Alençon de ſortir du Château. L'on peut dire que cette précaution ſauva la Couronne au Roi de Pologne ; car en effet le plan des Politiques & des Calviniſtes étoit de faire tomber la Couronne au Duc d'Alençon. Il n'y eut que le Roi de Pologne qui y gagna ; car le règne du Duc d'Alençon n'eût pu être plus malheureux pour la France, que celui de ce Prince.

La Reine ne ſe tenoit point aſſez aſſurée, en ne retenant que le Roi de Navarre. Elle craignoit que les Maré-

chaux de Montmorenci & de Cossé ne fissent ce que les Princes auroieut fait; ainsi elle les fit arrêter & mettre à la Bastille. Ce coup fit que les autres Seigneurs désertèrent la Cour. A peine eut-on appris cette révolution, qu'on ap-
30 Mai. prit la mort de Charles IX. qui ne fut pas même regretté de sa propre mère. Il courut des bruits affreux sur le compte de cette Princesse, bruits qui couroient encore sous Louis XIII; car Bassompierre ayant dit un jour au Roi que la passion que Charles avoit pour donner du cor de chasse, lui avoit causé la mort, parce qu'il s'étoit rompu une veine du poumon, le Roi lui répondit qu'il ne mourut, que parce qu'il se mit mal avec sa mère; & que si à la persuasion du Maréchal de Retz, créature de la Reine, il ne fût pas revenu auprès d'elle, il ne fût pas mort sitôt.

La mort du Roi rendit Catherine toute puissante pendant l'espèce d'inter-

règne

règne qu'il y eut jusqu'au retour de Henri III, Roi de Pologne. Elle fut revêtue de toute l'autorité royale, & après elle le Duc de Guise eut tout le crédit que peut désirer un Prince ambitieux, & qui ne commence qu'à se montrer sur la scène. La Reine voyant les Huguenots obstinés à nommer le Duc d'Alençon Régent du Royaume, borna tous ses soins à accélerer le retour de son cher fils. En attendant pour montrer aux Calvinistes combien elle se soucioit peu de leurs rubriques, des satyres outrageantes & des libelles infames qu'ils répandoient contre elle, elle fit décapiter l'infortuné Montgommery, qui avoit malheureusement blessé à mort son mari. Elle s'étoit fait un point d'honneur de ne lui jamais pardonner cet accident, dont elle fut peut-être la seule qui s'en réjouit secrettement. Elle avoit obligé Montgommery à se jetter dans le parti Calviniste, il fut malheureuse-

1574. ment pris en défendant Saint-Lo contre Matignon, Chef de l'armée Royale. Il lui avoit promis la vie sauve, mais la Reine n'eut aucun égard à sa promesse: ce qui ne servit qu'à irriter de nouveau les Calvinistes.

Après cette exécution, la Reine fut jusqu'à Lyon au devant du Roi, accompagnée du Duc d'Alençon & du Roi de Navarre. Dès qu'elle le sçut à Turin, elle lui envoya le Duc de Guise, pour le prévenir contre les Montmorencis. Enfin le Roi arriva à Lyon le 6 Septembre, on ne tarda pas à connoître que ce n'étoit plus le vainqueur des Protestans à Jarnac & à Montcontour. La Reine loin de le retirer de la malheureuse nonchalance dans laquelle il se plongea, l'y entretint, persuadée qu'elle regneroit sous son nom. Ce fut à Lyon qu'elle résolut avec les Guises de faire la guerre aux Protestans, ce qui ne pouvoit être plus à contre-tems: mais le Roi les laiſſa faire. La Reine en fut charmée ; car quoique les Guiſes s'intéreſſaſſent à l'augmentation de ſon autorité, elle aimoit mieux les voir en campagne qu'à la Cour : autant que la mort du Cardinal de Lorraine la mettoit ſans concurrens au Conſeil. La Reine avoit conſeillé au Roi d'aller à Avignon, afin de voir ſi ſa préſence n'exciteroit pas quelques mouvemens dans le Languedoc, où Montmorenci d'Amville s'étoit cantonné. On partit de Lyon le 16 Septembre ; mais ce voyage fut inutile, parce que le Roi ne fit que s'y livrer à une dévotion indécente, qui le rendit mépriſable. La Reine en tira ſeule le profit. Ce voyage la débarraſſa du Cardinal de Lorraine, qui, depuis quelque tems, lui étoit devenue à charge. Le Duc de Guiſe, neveu du Cardinal, ne tarda pas à lui devenir incommode.

Le Roi le ſurlendemain de ſon ſacre, 1575.
épouſa Louiſe de Lorraine, parente du 15 Fév.

Duc de Guiſe. Ce Duc crut que par ſon moyen il pouvoit ſe rendre maître des affaires ſous le nom de la jeune Reine. Catherine plus fine que lui en fait d'intrigues, s'apperçut de ſon deſſein : comme rien ne lui coûtoit, elle brouilla les nouveaux époux, en ſemant adroitement quelque jalouſie entre la Reine & le Roi. Comme elle ne redoutoit pas moins l'union du Roi de Navarre avec le Duc d'Alençon, elle les brouilla par le moyen des émiſſaires ; mais ils reconnurent le piége, ſe reconcilièrent, & s'évadèrent de la Cour. Leur retraite fut le ſignal de la guerre : ce fut le Duc d'Alençon qui s'évada le premier, il ſe
15 Sept. retira à Dreux. Dès qu'on apprit cette nouvelle, la Reine, qui ne pouvoit vivre en paix, entreprit d'aller négocier un accommodement, & de réconcilier le Roi avec ſon frère. Pour déterminer le Duc, elle fut le trouver en Touraine ; & pour s'aſſurer du ſuccès de ſa

négociation, elle mena avec elle les Maréchaux de Montmorenci & de Cossé, amis du Prince, qu'elle fit à cet effet sortir de la Bastille. On employa en conférences tout le mois d'Octobre & la moitié de celui de Novembre ; malgré cela elle ne put conclure qu'une trève de six mois, à des conditions très-onéreuses. On ne la garda pas, parce que le Roi de Navarre s'étant évadé à son tour de la Cour ; les Huguenots ayant un Chef, ne voulurent pas laisser oisifs trente-cinq mille hommes d'élite, que le Prince de Condé avoit amené au Duc d'Alençon. La Reine, qui ne vouloit la ruine d'aucun parti, crut les Protestans trop forts pour les laisser agir. La fuite du Roi de Navarre allarma toute la Cour, excepté Catherine, qui présuma qu'il y avoit trop de Chefs, pour que la jalousie & la mésintelligence ne se missent pas de la partie. Elle ne se trompa point, dès que le Roi de Navarre fut

1576. 3 Février.

à la tête des troupes, elles n'eurent plus d'égard pour le Duc d'Alençon. La Reine aussitôt profita du moment; elle négocia si habilement auprès de son fils, qu'elle réussit à le détacher des confédérés. Charmée du premier avantage, elle voulut conférer elle-même à Moulins avec les autres confédérés. La né-
1576. Mai. gociation ne fut pas longue; parce que ne cherchant qu'à les tromper, elle leur accorda presque tous les articles qu'ils proposèrent. Aussi ce quatrième Édit de pacification ne fut pas plus utile que les précédens. Il n'y eut qu'au Duc d'Alençon, à qui l'on donna le Duché d'Anjou, qu'on tint parole, parce que la Reine qui le ramena à la Cour, voulut l'y conserver. Elle tâcha aussi de détacher le Prince de Condé & le Roi de Navarre du parti des Huguenots; elle se disposa même à les aller trouver en Guyenne, où ils s'étoient retirés, après qu'on leur eut manqué de paroles. Elle

changea de ſentiment, parce qu'elle penſa qu'elle ne viendroit pas à bout de les tromper une ſeconde fois. Ce qui l'en empêcha, fut qu'il s'éleva une nouvelle faction ſi connue ſous le nom de la *Ligue*, qui lui donna ailleurs de l'occupation. La Reine, ſelon ſa politique, eût bien ſouhaité ſervir de contre-poids à chaque faction; mais la moindre apparence de neutralité eût mis ſon fils en butte aux deux factions : c'eſt pourquoi elle ſe détermina à ſe déclarer pour la Ligue. Ce fut aux États de Blois qu'elle fut approuvée. La Reine s'y rendit le 17 Novembre. Le Roi en fit l'ouverture le 6 Décembre. La Reine uſa de ſes artifices ordinaires, tantôt elle concluoit à défendre toute autre Religion que la Catholique dans le Royaume, tantôt elle étoit de l'avis contraire : ce fut ſa conduite pendant trois mois, comme ſi elle eût voulu faire croire aux Proteſtans qu'elle n'approuvoit la Ligue 1577.

que malgré elle. Car enfin ce fut la ſeule choſe dont on parut occupé pendant les États, qui finirent au mois de Mars par la révocation de l'Edit de paix. La Reine craignoit tant qu'on y travaillât à la réformation de l'État ce qu'on s'étoit propoſé, qu'elle ne demanda pas même de l'argent pour la guerre qu'on alloit entreprendre. Elle fit un coup de plus grande importance à la ſortie des États, qui fut de rompre l'union des mal-contens, ou du Maréchal de Damville avec les Proteſtans du Languedoc, par le moyen de la Maréchale & de l'Évêque de Valence. Ce fut-là le dernier ſervice de Montluc, il mourut peu après. La Reine qui devoit à ſes conſeils la plus grande partie de ſon crédit, le regretta beaucoup : ce fut une perte pour elle.

Comme les ſuccès n'avoient pas répondu à l'attente, ils rallentirent l'ardeur de la Cour pour la guerre. Le Prince de Condé, qui voyoit que la diviſion étoit parmi les ſiens, écouta les propoſitions de paix qu'on lui fit. La Reine, ſelon ſa coutume, s'empreſſa à cimenter cette paix ; pour cela elle reprit un deſſein qu'elle avoit eu, qui étoit d'aller en Guyenne, pour tâcher de perſuader au Roi de Navarre de revenir à la Cour. Elle prit pour prétexte de ſon voyage Octobre. de lui mener la Reine Marguerite ſa femme, qui juſqu'alors avoit été retenue malgré elle à la Cour. Le Roi de Navarre fut les recevoir à la Réole, d'une manière dont elles eurent lieu d'être contente. Turenne fut l'eſpion du Prince, pour découvrir le myſtère du voyage ; & Catherine qui avoit toujours à ſa ſuite des ſirènes, apprit par leur moyen bien des ſecrets, qui lui ſervirent à mettre la diviſion dans la Cour du Roi de Navarre, & à lui débaucher quelques-uns de ſes ſerviteurs ; ce qu'elle fit avec d'autant plus de facilité, que le Roi de Navarre eut la foibleſſe

de s'amouracher des Demoiselles de Fosseuse & d'Agelle, & Turenne de la Demoiselle de Lavergne, qui lui donnèrent tout le tems de tendre ses filets, dans lesquels elle ne put cependant prendre le Roi de Navarre. Elle tint de
1579. nouvelles conférences à Nérac avec lui *,
Février où elle accorda de nouvelles places de sûreté aux Huguenots. Le Marquis de Bellegarde ayant pendant ce tems chassé Birague du Gouvernement de Saluces: la Reine passa de Guyenne en Languedoc, & de-là en Dauphiné, pour empêcher les suites de la révolte du Maréchal. Comme elle espéroit par son éloquence le regagner, elle lui envoya le Marquis de Curton, pour qu'il vînt la trouver. Il ne voulut point se fier à

* *Le Grain*, au sujet de cette conférence, dit *qu'il y eut plusieurs articles d'éclaircis, & non pas tous; car la bonne Dame vouloit toujours tenir son Genest d'Espagne par la bride, tant qu'elle pourroit, néanmoins elle caressa fort ce gendre, & lui tint plusieurs propos gaillards.*

ses promesses, ainsi elle demanda au Duc de Savoye qu'il lui permît d'aller trouver le Maréchal dans ses États; car cette Reine ne s'arrêta jamais au cérémonial, lorsqu'il pouvoit empêcher une importante négociation. Le Duc de Savoye vint jusqu'à Grenoble; mais comme le Maréchal n'avoit pas voulu le suivre, elle n'eut obligation au Duc de sa complaisance, que parce qu'il lui promit de le lui amener, si elle vouloit s'avancer jusqu'à Montrevel en Bresse. La Reine s'y rendit, elle y trouva le Maréchal, qui fut confirmé dans son gouvernement, parce qu'on ne pouvoit le lui ôter, & qu'on craignoit qu'il ne le livrât au Duc de Savoye. La Reine satisfaite en apparence, reprit le chemin de Paris; elle n'avoit pas encore fait grand chemin, qu'elle apprit la mort du Maréchal de Bellegarde. Elle arriva trop tôt, pour qu'on ne soupçonnât pas qu'il avoit été empoisonné. Comme c'est-

1579. Octobre.

là un de ces myſtères que l'Hiſtoire ne peut dévoiler, je me borne à dire qu'elle étoit trop avantageuſe à la Cour, pour ne pas fonder le ſoupçon; quoiqu'on ne doive point toujours ſe décider, pour ce qui paroît vraiſemblable, ſurtout en pareilles circonſtances, où il faut au moins avoir autant d'égards pour des têtes couronnées, qu'on en auroit pour de ſimples Particuliers, qu'on n'oſeroit condamner ſans preuves.

La Reine, de retour à la Cour, trouva que ſon fils s'étoit rendu odieux par ſes profuſions pour ſes mignons; & mépriſable, par les marques indignes de la Majeſté royale qu'il leur donnoit de ſa tendreſſe. La Reine ne s'empreſſa guères à le faire ſortir de ſa léthargie. Au contraire, elle en fut charmée, parce qu'elle prévoyoit que le Roi auroit beſoin d'elle, pour ſe retirer du précipice qu'il creuſoit ſous ſes pieds. Car le connoiſſant d'humeur à ſe laiſſer gouverner, elle ne craignoit rien tant que de voir le Royaume tranquille; parce que Henri eût pu faire ce que Charles IX avoit prémédité, sçavoir de l'éloigner des affaires, afin qu'elle ne les embrouillât plus. Elle craignoit d'autant plus cela, que ses favoris amis des plaisirs, & qui gouvernoient Sa Majesté, l'eussent pressée de l'éloigner de la Cour, afin qu'elle ne prît pas garde de si près à leurs actions. Catherine ne leur en laissa jamais le tems; son plaisir fut toujours de brouiller tellement les cartes, qu'on eût toujours besoin d'elle pour les débrouiller. Elle eût toujours pour maxime de promettre tout ce qu'on demandoit, & de ne rien accorder. Elle sçut profiter de toutes les divisions domestiques des Grands: pour cela elle épousoit toujours la querelle du foible, afin de tenir les choses en balance, & de faire durer la querelle plus longtems. Comme à son gré le Royaume ne

lui en fournissoit pas assez, elle en alloit chercher chez les Etrangers. C'est ce qui lui fit entreprendre de mettre le Duc d'Anjou en possession des Pays-
1580. Bas *. Ce qui donna occasion à ce dessein, c'est qu'on lui avoit prédit qu'elle verroit regner ses quatre fils. Comme elle faisoit son étude de l'Astrologie judiciaire, pour ne pas dire quelque chose de plus; elle en croyoit les principes incontestables. Cette prédiction chagrina Catherine; & pour soulager son inquiétude, elle l'expliqua à son gré.

Elle avoit déjà vu regner trois de ses fils; elle eût été fort fâchée que le quatrième n'eût pu regner qu'aux dépens de la vie du Roi, qu'elle aimoit tant, qu'elle ne souhaitoit que mourir

---

* *M. de Thou dit qu'elle avoit déjà envoyé auprès du Sultan Sélim l'Evêque d'Acqs, qui étoit M. de Noailles, pour lui demander le Royaume d'Alger, auquel on devoit joindre la Sardaigne.*

avant lui. Elle s'imagina que si elle pouvoit procurer une souveraineté à son dernier fils, que la prédiction seroit accomplie. Pour cela, elle représenta au Roi combien il lui seroit avantageux de procurer à son frère un établissement hors du Royaume. Le Roi fut de même sentiment : ils profitèrent des troubles des Pays-Bas, pour engager les habitans à reconnoître le Duc d'Anjou pour leur Souverain. Ils y consentirent ; mais on seconda si peu leurs efforts, que l'entreprise échoua. Il arriva pendant ce tems-là une révolution en Portugal, que Catherine crut plus favorable pour son dessein que celle des Pays-Bas. Elle avoit des droits sur cette Couronne, qu'elle croyoit meilleurs que ceux des autres Prétendans ; parce que ceux qui leur donnoient ces droits n'en avoient point, puisqu'ils étoient des usurpateurs. En effet, les raisons de Catherine étoient plausibles. Sancho avoit forcé Alphonse

III. de se bannir ; il s'étoit retiré dans la maison de Bologne, où il avoit épousé la Princesse Matilde, lorsque le Roi de Castille lui proposa de le rétablir, s'il vouloit épouser sa fille. Alphonse n'hésita pas, il quitta Matilde, dont il avoit plusieurs enfans ; & pour avoir sa couronne, il épousa la Princesse de Castille, malgré la Cour de Rome, qui déclara son premier mariage valide. Les Portugais n'y eurent pas plus d'égard que leur Maître, les bâtards succedèrent au préjudice des légitimes. Sébastien, le dernier de cette famille, mourut sans laisser d'autre héritier que le Cardinal Henri son oncle, âgé de soixante-sept ans. Catherine le voyant près de sa fin, demanda que comme héritiere de la maison de Bologne par sa mère, les Portugais lui fissent justice. L'Abbé d'Elbène sollicita vivement pour elle, mais inutilement, parce que Philippe II, Roi d'Espagne, un des Prétendans, avec le

moins de droit aux raiſons, ſçut joindre la force. Catherine ne ſongeoit plus aux droits qu'elle avoit, lorſque Dom Antoine de Crato, un des Prétendans, vint lui céder les ſiens. Il avoit ſoutenu deux batailles qu'il perdit ; il avoit été plus heureux dans ſa fuite, puiſque les Portugais le cachèrent pendant huit mois, ſans qu'aucun d'eux fût tenté, par les quatre-vingt mille écus que les Eſpagnols offroient, à quiconque le décéleroit. Néanmoins Dom Crato eut peur que quelqu'un ne ſuccombât : ayant trouvé une occaſion pour paſſer en France, il y vint. La générofité du Roi, qui ne voulut jamais ſe livrer aux Eſpagnols, le toucha tant qu'il céda ſes droits à Catherine. Du moins ce fut pour ſoutenir ſes droits particuliers, que Catherine lui équipa une flotte de cin- 1581.
quante-huit vaiſſeaux, pour le conduire aux Iſles Tercères, dont les Eſpagnols n'étoient point encore maîtres. Strozzi,

cousin de Catherine, eut le commandement de la flotte; mais pour n'avoir pas voulu achever de vaincre, & pour avoir négligé de s'emparer du Château, non seulement il n'avança pas les affaires de Catherine, mais il les ruina, parce que la faute qu'il avoit faite, & qui avoit procuré aux Espagnols l'occasion de débarquer sans danger, lui fit perdre une bataille & la vie. Malheureusement le Comte de Brissac, qu'on lui avoit donné pour Lieutenant, n'avoit ni le courage, ni l'expérience de Strozzi. Il eut la lâcheté, voyant que la bataille alloit se perdre, de détacher dix-huit vaisseaux pour se retirer en France. Catherine fut fort outrée de le voir revenir; elle voulut lui faire faire son procès. Le Procureur général commença les informations; mais le Duc de Guise, qui prévoyoit que s'il n'étoit bon ni sur terre ni sur mer, qu'il pourroit l'être un jour sur le pavé, (à la journée des barrica-

des,) le retira de ſes mains, & par ce moyen en fit un zélé ligueur. Comme 1582.
Catherine ne put envoyer aſſez tôt à Dom Crato le ſecours qu'elle lui promettoit, il fut forcé de tout abandonner & de revenir en France, où il mourut en 1595.

Catherine, qui craignoit que le Duc d'Anjou lui reprochât ſon peu de bonne volonté pour lui, avoit pendant la guerre du Portugal, fait ce qu'elle pouvoit pour le tirer du mauvais pas où il étoit; mais ſes efforts ne firent que retarder la ruine de ſon projet. Le mal-entendu d'Anvers lui fit perdre toute eſpérance; le Duc fut obligé de revenir en France: dès que Catherine l'y ſçut, elle le fut trouver à Calais pour le conſoler, & pour appaiſer ſon reſſentiment contre ſon frère, qui, en ne le ſecourant pas, l'avoit obligé à ruiner ſes affaires, par l'entrepriſe qu'il avoit formée ſur Anvers. Tout ce qu'elle put lui dire, ne modéra point ſon chagrin. Catherine ne tarda pas d'apprendre qu'il le conduiroit en peu au tombeau : cette nouvelle la chagrina fort, non qu'elle l'aimât beaucoup, mais c'eſt qu'elle prévoyoit que le crédit qu'elle avoit pourroit périr avec lui. Son fils ne l'avoit ménagé juſqu'alors, que parce que connoiſſant l'humeur turbulente du Duc, ſa mère lui étoit néceſſaire pour le retenir dans ſon devoir, ou pour l'y ramener lorſqu'il s'en écartoit. Elle s'imagina qu'après ſa mort il la négligeroit : cette crainte la fit déliberer, ſi elle embraſſeroit le parti des Calviniſtes ou des Ligueurs, ou ſi elle ſe réconcilieroit avec les favoris : elle prévit que ſi elle le faiſoit avec les derniers, qu'ils voudroient toujours être les maîtres ; d'ailleurs ils étoient trop odieux au Peuple, dont ils étoient les ſangſues. Pour les Calviniſtes, ils n'étoient point ſon fait : elle haïſſoit trop le Roi de Navarre *, ſurtout depuis qu'elle le regardoit comme l'héritier de la Couronne. Ce fut cette haine qui la détermina, & qui lui fit tenter ſi elle ne pourroit la faire tomber dans la maiſon de Lorraine ; parce que le Marquis de Pons étant fils de Claude de France, Ducheſſe de Lorraine, pouvoit fort aiſément renouveller la querelle qu'Édouard avoit autrefois ſuſcitée à Philippe de Valois, ſans égard pour la Loi Salique. Les circonſtances d'ailleurs étoient plus favorables, le Duc de Guiſe ſe trouvoit à la tête d'un parti conſidérable ; ainſi pour qu'il ſervît à ſon deſſein, elle ſe joignit à lui, quoiqu'elle

* *L'Abbé Lelaboureur donne pour raiſon de cette haine, que ce Prince étant priſonnier avec le Duc d'Alençon, ils complotèrent enſemble d'étrangler de leurs mains Catherine, lorſqu'elle viendroit dans leur chambre. Quoiqu'ils n'exécutèrent pas cette réſolution, Catherine en fut irritée au dernier point lorſqu'elle l'apprit ; parce que le Roi de Navarre ne put s'en taire.* Add. aux Mém. de Caſtelnau.

sçût qu'il songeoit à ne travailler que pour ses intérêts. Mais comme elle étoit non moins intriguante que lui, elle étoit persuadée que si le Peuple se détermi-noit à faire attention aux droits chimériques que le Duc prétendoit avoir sur la Couronne de France, qu'il lui seroit fort facile de ne les faire valoir qu'en faveur de l'aîné de la maison, qui étoit le Duc de Lorraine. La Reine dissimula son dessein jusqu'à la mort du Duc d'Anjou, qui arriva vers le milieu de l'an-

1584. François Duc d'Anjou. née 1584. A peine eut-il fermé les yeux, qu'elle ne cacha plus l'antipathie qu'elle avoit pour les Princes du Sang. Il ne tint pas à elle que le Roi ne les reconnût pour tels; car elle tâcha de lui persuader que les Rois, comme les autres hommes, n'avoient plus de parens au-delà du sixième degré.

Le Duc de Guise, pour avoir connu le dessein, ne parut pas moins content de ce qu'elle imploroit son secours pour

les intérêts d'un autre, que s'il eût sçu qu'elle travailloit pour lui. Il se flatta de la faire tomber dans le piége qu'elle lui tendoit : il crut que par son moyen il acquerroit tant d'autorité dans le Royaume, qu'elle ne seroit plus la maîtresse de la diminuer lorsqu'elle le voudroit. Ainsi il eut toutes les semaines des conférences secrettes avec Catherine, où il l'entretint si bien dans son dessein, que Catherine en tint le succès infaillible. La Reine ne s'appliqua plus qu'à confirmer le Roi dans son insensibilité, & à maintenir les trois factions qui désoloient l'État, dans un équilibre si juste, qu'aucune ne put être opprimée avant le tems. Ainsi elle empêcha le Roi d'abbatre la Ligue, lorsqu'il le pouvoit sans craindre. Catherine fit résoudre à la vérité la guerre contr'elle, mais ce ne fut que pour lui faire connoître par le traité de Némours, qu'elle négocia par elle-même qu'elle étoit l'arbitre de son sort.

La Ligue cependant n'occupoit pas tellement Catherine, qu'elle négligea ce qu'on appelle intrigues de Cour. Henri avoit pour lors deux favoris, qui étoient les Ducs de Joyeuſe & d'Épernon, tous deux ennemis de Catherine & de ſes deſſeins; ils la traverſoient en tout ce qu'ils pouvoient, il ne tenoit pas à eux qu'elle n'approchât pas le Roi. Connoiſſant le reſpect que Sa Majeſté avoit toujours conſervé pour elle, ils n'avoient oſé lui propoſer. D'Épernon y travailla cependant indirectement; il repréſenta à Sa Majeſté que la Ligue étoit ſi puiſſante, qu'il ne croyoit plus qu'elle fût en ſûreté, même dans le Louvre, qu'ainſi il lui conſeilloit d'augmenter ſa garde de quarante-cinq Gentilshommes, qui ſeroient à ſa diſcrétion, & qu'il falloit empêcher tous ceux qui favoriſoient le Duc de Guiſe & ſon parti, d'aborder le Roi. Catherine prévit l'intention du favori; elle ſe plaignit amerement que ſa qualité

qualité ne la garantiroit pas des insultes de cette garde, toutes les fois qu'elle voudroit le visiter. Le Roi la rassura, mais il ne lui accorda ni la disgrace de ses favoris, ni la suppression des quarante-cinq. La Reine s'en vengea à son 1585.
ordinaire, en fomentant les troubles & en favorisant la Ligue, non jusqu'à un point qu'elle eût entièrement le dessus. Le Pape Sixte V. favorisa aussi le projet de Catherine, en excommuniant & déclarant incapable de succeder à la Couronne, celui qui lui étoit le plus redoutable, & qu'elle haissoit le plus, sçavoir le Roi de Navarre. Cependant il falloit qu'elle crût qu'il n'étoit pas encore tems de l'accabler; car si Matignon eût secondé les desseins du Duc de Mayenne, sans doute il l'eût obligé ou d'abandonner le parti Calviniste, ou d'aller joindre le Prince de Condé, qui avoit été forcé de se réfugier en Angleterre: mais la Reine avoit ordonné à

Matignon sa créature, de ne point souffrir que Mayenne réduisît le Roi de Navarre à de telles extrémités. Henri III. plus ennemi de la Ligue que des Calvinistes, lui donna les mêmes ordres; ainsi la mauvaise intelligence de Matignon avec Mayenne, raccommoda tellement les affaires du Roi de Navarre, qui s'étoit vu sur le point de perdre Saint-Jean-d'Angely & la Rochelle, les seules villes qui restoient à son parti; que la Cour le rechercha, surtout lorsqu'elle apprit qu'Elisabeth avoit donné du secours au Prince de Condé, & que les Allemands, à sa prière, étoient sur le point d'entrer en France. Pour leur en
1586. ôter le prétexte, Catherine tâcha de faire de nouveaux efforts auprès du Roi de Navarre, pour le ramener à la Religion Romaine: elle demanda une entrevue au Prince dans le Château de S. Brix, près Cognac *. Le Roi s'y trouva

* *Varillas dit qu'ils étoient en cuirasse; le*

avec le Prince de Condé, le Vicomte de Turenne, & les autres Chefs des Calvinistes; mais dans un équipage qui marquoit leur fierté, & le peu de succès qu'on retireroit de cette conférence. 25 Sept.

Grain cependant dit que Catherine caressa le Roi de Navarre, jusqu'à le châtouiller par les côtés. Lui s'avisant de son dessein, qui étoit de tâter s'il étoit couvert, tire les boutons de son pourpoint, & lui montrant sa poitrine nue, voyez, dit-il, *Madame, je ne sers personne à couvert. On peut, je crois, les concilier. En disant qu'ils ne parurent en cuirasses que dans la première entrevue; mais que dans les conférences particulières, ils agirent autrement. M. de Perefixe dit que la Reine demandant au Roi de Navarre ce qu'il vouloit, il lui répondit en regardant les filles qu'elle avoit amenées, il n'y a rien là que je veuille. Mathieu ajoute que la Reine le pressant de faire quelqu'ouverture, Madame,* lui dit-il, *il n'y a point ici d'ouverture pour moi. De Perefixe dit encore que la Reine, avant de le quitter, lui ayant demandé si la peine qu'elle avoit prise ne produiroit aucun fruit, elle qui ne souhaitoit que le repos. Ce n'est pas moi,* lui répondit le Prince, *qui vous empêche de coucher dans votre lit; c'est vous qui m'empêchez de coucher dans le mien. La peine vous plaît & vous nourrit, le repos est votre plus grand ennemi.*

Malgré cela la Reine entra en matière avec le Roi de Navarre; le trouvant inébranlable sur sa Religion, elle essaya de le raccommoder avec le Duc de Guise: le Prince s'appercevant que son but étoit de le rendre suspect à son parti, lui ôta toute espérance de paix. La Reine lui demanda s'il étoit donc résolu à ne plus obéir à Henri III; le Roi de Navarre répondit ingénument qu'il y avoit plus de dix-huit mois qu'il ne lui obéissoit plus. Le Duc de Nevers qui voyoit que la conversation s'échauffoit, dit au Roi de Navarre qu'il ne pouvoit disconvenir qu'il ne fût mieux avec Sa Majesté qu'avec des esprits républicains, qui ne cherchoient qu'à diviser un Royaume qui devoit être son héritage. D'ailleurs qu'il n'y avoit point de Bourgeois à la Rochelle qui ne fût maître de limiter son pouvoir, & qui ne pût l'empêcher de mettre un impôt. Le Roi de Navarre repartit froidement que comme il n'y

avoit point d'Italiens parmi eux, l'uſage des impôts n'étoit pas connu. La Reine propoſa enfin la tenue des États généraux ; le Roi de Navarre l'ayant refuſée, la conférence finit par-là. Catherine ne put cacher le chagrin qu'elle eut de ce mauvais ſuccès, & du peu d'égard & de reſpect qu'on avoit eu pour ſa perſonne. Elle retourna à Paris, d'où elle fut à S. Germain, où les Ambaſſadeurs des Proteſtans d'Allemagne devoient ſe rendre, pour faire, pour ainſi dire, la loi à Henri III. Les paroles peu
meſurées dont ils ſe ſervirent ; aigrirent 1586.
tellement l'eſprit du Roi, que quelqu'intérêt qu'il eût à les ménager, il ne le put. Pour y remédier, la Reine tâcha de réconcilier le Duc de Guiſe avec Sa Majeſté : mais les affaires étoient en trop bon train, pour qu'elle le trouvât docile à ſes volontés. Comme il étoit auſſi intéreſſé que Sa Majeſté, que les Allemands n'entraſſent pas en France, il lui

promit néanmoins de s'opposer à leur entrée. Les seize pendant ce tems-là occupèrent Catherine. Elle connut ce dont étoit capable une populace effrenée, par les entreprises qu'elle méditoit. Elle se flatta que la supériorité de son génie, suffiroit pour dissiper ses desseins, dès qu'elle lui auroit ôtée celui qu'elle croyoit l'animer : mais elle se trompa, la présence de Mayenne lui inspiroit à la vérité du courage; mais les entreprises qu'elle proposoit, inspirée par les seize, lui paroissoient trop violentes pour qu'il les favorisât, même par sa présence. C'est pourquoi il pria la Reine que S. M. lui permît de se retirer dans son gouvernement de Bourgogne. La Reine, quoique ravie, fut fort surprise de sa demande : elle lui témoigna son étonnement, en lui disant : *Quoi ! mon cousin, vous quittez donc nos bons Ligueurs.* Le Roi lui dit la même chose; mais le besoin qu'il avoit de son frère, ne lui permit pas de le dire en Souverain; & puiſqu'il ſouffroit que le Duc de Guiſe lui fît la loi, & le forçât de partager le commandement de ſon armée pour ruiner ſon autorité, il pouvoit bien paroître content d'une excuſe extérieure. D'ailleurs ſon départ de Paris ne pouvoit que lui être utile, étant réſolu d'aller auſſi lui-même au devant des Allemans. Catherine ne s'y oppoſa pas, parce qu'elle ſe flattoit avoir aſſez d'autorité pour ruiner, pendant ſon abſence, la faction des ſeize, qui ne pouvoit ſervir à ſes deſſeins. Le mal étoit déjà trop grand; d'ailleurs elle avoit ſeize Chefs à combattre, gens d'autant plus difficiles à vaincre, qu'ils ne prenoient conſeil que de la violence, & qu'ils ne reſpectoient rien. Comme les armées étoient en campagne, & qu'ils ne pouvoient être ſoutenus, ils ſe modérèrent pour un tems, d'autant qu'ils ne ſçavoient pas l'iſſue de la bataille de

Coutras, Catherine y gagna la défaite d'un favori, cependant cette victoire n'étoit pas grande, puisqu'il en restoit encore un, sçavoir le Duc d'Épernon, & qu'il lui étoit encore plus redoutable que Joyeuse.

1588. Malgré la perte de la bataille de Coutras, le Roi sçut renvoyer les Allemands dans leur pays. Il ne s'agissoit plus que de les empêcher d'y revenir, il s'en présenta une occasion des plus favorables; le Duc de Bouillon qui leur avoit donné passage par Sedan, vint à mourir sans enfans: sa succession fut disputée par sa sœur & le Comte de Maulevrier son oncle. On conseilla Henri III. de mettre les places en sequestre entre ses mains, en attendant que le differend fût vuidé. Mais Catherine l'empêcha de suivre cet avis, parce qu'elle avoit envie de faire épouser le Marquis de Pons son petit-fils, à l'héritière de Sedan. Ainsi elle lui dit qu'il devoit se contenter d'être le médiateur entre la nièce & l'oncle,

& qu'il auroit moins à craindre d'une fille que d'un homme. Dans le même tems la Reine se trouva défaite d'un Prince qui ne nuisoit pas moins à ses desseins que le Roi de Navarre, sçavoir de Henri I, Prince de Condé, qui mourut de poison à Saint-Jean-d'Angely : les affaires qui survinrent l'empêchèrent d'y faire grandes réflexions, surtout aux bruits qui couroient sur la cause de sa mort. Mars

Le Duc d'Épernon ennuyé de l'insolence & de l'audace des seize, conseilla à Henri III. de se saisir des Chefs. S'il eût eu cette fermeté, il eût épargné bien des maux à l'État : mais il agit si lentement, que les seize eurent le tems de donner avis au Duc de Guise qu'on méditoit leur perte. Le Roi le sçut ; mais au lieu de prévenir le Duc, il lui envoya dire de ne point venir à Paris, & que d'ailleurs il lui donneroit toute satisfaction. Celui qu'il chargea de cette commiſſion s'en acquitta ſi mal, que le Duc y vint malgré cela, parce qu'il dit n'avoir point reçu l'ordre que Bellièvre 9 Mai. diſoit avoir mis à la poſte; car le Tréſor royal étoit ſi épuiſé, qu'on n'avoit pas dequoi payer un Courrier. Catherine ſçut la première ſon arrivée, parce que le Duc vint deſcendre aux Filles repenties, où elle étoit logée. Elle fut extrêmement ſurpriſe de ſa viſite. Comme elle en prévit les fâcheuſes ſuites, pour qu'on ne les lui attribuât pas, elle fit auſſitôt avertir Sa Majeſté, & lui fit demander s'il agréroit qu'elle lui menât le Duc: le Roi y conſentit. La Reine ſe fit porter en chaiſe, & le Duc l'y ſuivit à pied : il eut la ſatisfaction de voir que les Pariſiens ne faiſoient attention qu'à lui. La Reine entra dans la chambre de la Reine regnante, où le Roi vint ſeul. Son air & ſa démarche lui firent connoître à quel danger elle expoſoit le Duc: elle connut auſſi ſa défiance, mais ſa hardieſſe la raſſura, parce qu'elle jugea qu'elle empêcheroit le Roi de prendre aucun parti violent. En effet il renvoya le Duc à ſon grand contentement. On dit que ce ne fut que parce que S. M. penſa qu'elle trouveroit une occaſion plus favorable chez ſa mère, où il ſçavoit que le Duc retourneroit. En effet le Roi après ſon dîner fut à l'Hôtel de la Reine ; il la trouva dans ſon jardin ſe promenant avec le Duc. Ils causèrent enſemble pendant trois quarts-d'heure, ſans qu'on ait pu ſçavoir le détail de l'entretien : car Davila, qui eſt le ſeul qui le racconta, auroit dû citer qui le lui rapporta. Peut-être l'entretien ne fut ſi long, que parce que S. M. attendoit le commencement de la tragédie. Nos Hiſtoriens conviennent qu'elle eût été jouée ſans Saint-Paul, qui, voyant qu'on vouloit fermer la porte du jardin, mit ſa canne entre la ſerrure & la muraille; en même tems il entra avec un homme auſſi déterminé que lui, &

jura qu'on ne joueroit point ſans lui. On convient auſſi que Catherine ne ſçavoit rien du deſſein de ſon fils. Deux jours après elle connut que S. M. n'auroit pu courir un danger plus grand, quand même elle eût été jouée. Les barricades furent une nouvelle ſcène, où l'on vit l'autorité royale foulée aux pieds. Catherine commença à connoître le danger : elle crut qu'elle avoit encore aſſez d'autorité ſur l'eſprit du Duc de Guiſe pour ne le pas craindre. Dès qu'elle apprit celui que couroit ſon fils dans le Louvre, elle monta dans ſon carroſſe pour aller trouver le Duc à ſon Hôtel ; elle n'eut pas fait vingt pas qu'elle fut arrêtée par les barricades. Elle crut que ſa préſence ſuffiroit pour les faire rompre, mais tout fut inutile. Elle eut beau prier, on ne l'écouta pas : la ſeule grace qu'on lui fit, fut qu'on la laiſſeroit paſſer, ſi elle vouloit ſe faire porter dans ſa chaiſe ; elle fut contrainte d'accepter ce parti. Elle ne fut pas moins surprise de trouver toutes les portes de l'Hôtel du Duc ouvertes, & de le voir se promener tranquillement, pendant que le Roi trembloit dans le Louvre. La conférence qu'elle eut avec le Duc commença à lui faire connoître le péril : sa fierté, ses réponses lui donnèrent à penser qu'il ne respectoit plus rien ; il lui donna un échantillon de son pouvoir, en rendant d'un mot le calme à Paris. La Reine comprit que tout son esprit ne lui fourniroit pas assez de ressources pour remédier au mal, dont elle étoit une des principales causes. Elle ne se rebuta néanmoins pas, le lendemain voyant que le Duc refusoit de faire désarmer les Bourgeois, & de venir trouver S. M., le fut elle-même trouver, accompagnée du Secrétaire Pinart. Elle eut encore bien plus sujet d'être mécontente de cette visite que de la première. Elle employa toute son habileté pour gagner le Duc, mais à peine daignoit-il l'écouter : sans égard pour son caractère, il l'interrompoit à chaque instant pour aller parler à l'oreille de tous ceux qui, à chaque moment, survenoient. Catherine comprit par-là que le Duc étoit résolu de retirer de la journée précédente le fruit qu'il s'en étoit promis. Pour ne pas exposer une seconde fois son fils, elle lui dépêcha aussitôt Pinart, pour lui dire que s'il vouloit se sauver du danger, qu'il falloit qu'il sortît promptement de Paris. Le Roi la crut, & la Reine en apprit la nouvelle par le Duc de Guise, qui lui dit brusquement en l'apprenant : *Madame, vous m'amusez & vous me perdez.* Catherine feignit d'ignorer ce dessein. Comme elle ne se croyoit pas trop en sûreté chez le Duc, si cette nouvelle se répandoit dans Paris, elle retourna au plutôt au Louvre.

Le Roi en partant avoit laissé à Catherine tout pouvoir, & le Parlement le reconnut en elle ; car le Duc de Guiſe ayant commandé au Premier Préſident du Harlai de tenir ſéance à l'ordinaire. Il lui répondit avec la même fierté : *La Reine commande au nom du Roi, c'eſt d'elle ſeule que je prendrai ordre.* Cela fit comprendre au Duc qu'il n'étoit pas ſi maître dans Paris qu'il croyoit : le départ de S. M. avoit attriſté les Pariſiens, dès qu'ils apprirent que la Reine avoit reçu un pouvoir ſans bornes, pour réconcilier les Ligués avec le Roi ; ils lui préſentèrent une requête, par laquelle ils aſſuroient faire oublier le paſſé, pourvu que S. M. revînt à Paris. Le Duc de Guiſe ne voulut pas être des derniers à faire la paix : Catherine y donna tous ſes ſoins ; malgré ſon habileté, elle ne put empêcher qu'elle ne fût honteuſe pour la Majeſté royale. Mais le Roi qui connoiſſoit trop tard le précipice qu'elle avoit creuſé ſous ſes pieds, étoit réſolu de ſe défaire du Duc, & de ne plus prendre conseil de sa mère. C'est pourquoi il accorda au Duc tout ce qu'il demanda ; & pour mieux tromper sa mère, il lui accorda la disgrace du Duc d'Épernon. Catherine crut retirer tout le fruit de cette fausse paix, détaillée dans les articles qui sont ici à côté. Elle crut que son fils alloit lui confier tout le maniment des affaires, lorsqu'elle le vit renvoyer le Chancelier Chiverni, Villeroi, Pinart, Bellièvre, Brulart & d'O, Surintendant des finances. Elle s'imagina que c'étoit une satisfaction qu'il donnoit au Duc de Guise, & non pas qu'il ne le faisoit que parce que Sa Majesté sçavoit que toutes ces personnes étoient dans ses intérêts, & qu'elle ne pourroit prendre aucun parti sans qu'elle n'en eût aussitôt avis. S. M. dissimula avec tant d'art, que la Reine & le Duc de Guise s'imaginèrent que le Roi ne faisoit ces changemens que pour les rendre maîtres absolus, & ne plus prendre conseil que d'eux.

Henri III. Guise, & traité du 21 Juillet.

La Reine voyant les choſes en ſi bon train, pour commencer l'exécution de ſon ouvrage, mena le Duc de Guiſe à Chartres pour y ſaluer le Roi. Il envoya au devant de lui le Duc de Nevers & le Maréchal de Biron : S. M. lui fit tant de careſſes, qu'il aveugla le Duc & ſa mère ; ils donnèrent entièrement dans le piége qu'il tendoit. Le Duc n'héſita point de ſe trouver aux États de Blois, qui ſe tinrent au mois d'Août. Catherine qui y ſuivit S. M. ſervit ſouvent de médiatrice, mais elle ne put lui faire changer le deſſein qu'il avoit de ſe défaire du Duc de Guiſe. Ce n'eſt pas qu'elle le ſçut, & tout inconſtant que le Roi fût dans ſes réſolutions, il ne lui laiſſa jamais entrevoir qu'il avoit pris celle-là. Il étoit perſuadé qu'elle ne lui tiendroit pas le ſecret, d'autant qu'il connut, pendant la tenue des États, qu'elle n'avoit pas changé de conduite, & que ſon but étoit d'embrouiller tellement la fusée, qu'il ne pût la démêler sans elle. Il se crut même si impuissant pour cela, qu'il s'imagina n'en jamais venir à bout; pour n'avoir plus d'inquiétude, il résolut tout-à-coup de se décharger du soin du gouvernement sur sa mère, & de n'avoir plus d'autre occupation que celle de prier Dieu; mais Sanci lui ayant rapporté deux ou trois jours après que le Duc de Guise avoit dit qu'il ne songeoit à s'emparer du trône qu'après la mort de S. M. : il se détermina à l'assurer au Roi de Navarre par la mort du Duc de Guise, qui arriva en effet par ses ordres le 23 de Décembre. Catherine ne l'apprit que par le bruit que firent les meurtriers. Elle étoit logée immédiatement au-dessous de la chambre, où l'exécution s'étoit faite : elle étoit retenue au lit par la violence de la goutte, dont elle étoit fort tourmentée; elle ne put s'imaginer qu'il se faisoit une telle action, parce que jusqu'alors le Roi ne lui avoit celé aucune affaire de telle importance. S. M. vint elle-même la tirer d'inquiétude & la replonger dans une autre. Aussitôt qu'elle eût vu le Duc de Guise mort, elle vint brusquement dans la chambre de Catherine, & débuta par lui dire: *Madame, je suis Roi d'aujourd'hui, je n'ai plus de compagnon, puisque le Duc de Guise ne vit plus.* Catherine surprise au dernier point, lui dit naïvement: *Je souhaite que vous vous trouviez bien de l'action que vous venez de commettre, mais vous ne pouvez, je crois, vous en flatter.* Elle lui demanda s'il en avoit bien prévu les suites, & s'il avoit pourvu à tout dans les villes où les Ligueurs étoient les plus forts. Le Roi lui répondit froidement: *Oui, Madame, ne vous mettez en peine de rien.* Ensuite il l'a quitta sans lui donner aucune marque du respect & de la tendresse qu'il lui avoit toujours témoignée. Catherine en fût si frappée, qu'elle fut long-tems sans pouvoir revenir de son étonnement. Il n'eût pas été si grand, si elle eût réfléchi aux paroles que le Roi lui avoit dites trois jours avant. Comme elle le pressoit d'accorder au Duc les gardes qu'il demandoit, il lui répondit : *Madame, dans trois jours cela sera fini;* mais elle n'en connut que pour lors le sens.

Catherine ne pouvant dévorer son chagrin, se fit transporter chez le Cardinal de Bourbon, à qui l'on avoit donné des gardes. Le Cardinal l'appercevant, lui dit tout en larmes : *Ah! Madame, ce sont de vos faits, ce sont de vos tours, vous nous faites tous mourir.* Catherine en vain lui protesta qu'elle n'avoit eu aucune part à ce qui s'étoit passé. Le Cardinal ne voulut pas la croire, ce qui fâcha si fort la Reine, qu'elle s'écria : *Je n'en puis plus, il faut que je me remette au lit :* on l'y porta au plus vîte, elle n'en releva pas. L'idée affreuse

de l'avenir, les suites funestes qu'alloit avoir le meurtre du Duc de Guise & du Cardinal son frère, massacré le lendemain; les reproches du Cardinal de Bourbon; la perte de son crédit; les remords de sa conscience, qui lui reprochoit tous les maux dont sa politique étoit cause, lui causèrent une fièvre si violente, qu'elle la mit au tombeau le 1579.
5 Janvier, âgée de soixante-dix ans, après avoir protesté qu'elle mouroit dans la Religion Catholique, & qu'elle n'en avoit jamais professée d'autre *. Le Roi son fils l'ayant été voir, le dernier conseil qu'elle lui donna, fut de cesser la

* *Cette Reine avoit tellement la foiblesse d'ajouter foi aux prédictions des Astrologues, qu'elle ne faisoit rien sans les consulter. Ayant demandé à un où elle mourroit, il lui répondit*, à S. Germain. *Il n'en fallut pas d'avantage pour l'empêcher d'aller à cette Maison royale, ou autres lieux de ce nom. Malgré ces précautions, la prophétie de l'Astrologue fut trouvée vraye, parce qu'elle mourut entre les bras d'un Prédicateur du Roi nommé Saint-Germain.*

persécution contre les Calvinistes; & pour rendre la paix dans son Royaume, d'y établir une entière liberté de Religion. Peut-être donna-t-elle cet avis comme le seul qui pût remédier au mal; ou pour que les Calvinistes qui l'appelloient la *Jezabelle de la France*, changeassent de nom. Henri III, dit Varillas, couvrit le peu de regret qu'il avoit de sa mort par les magnifiques funerailles qu'il lui fit faire, & par le soin qu'il prit de demeurer plusieurs jours dans une chambre parée de noir, & seulement éclairée par des flambeaux, sans se laisser voir que par ses domestiques. D'autres disent au contraire qu'elle fut enterrée sans cérémonies; ce qui n'étoit guères du génie de Henri III, qui pour les funerailles du Duc de Joyeuse, avoit dépensé cinq cens mille écus, & pour celle du Duc d'Anjou son frère qu'il n'aimoit point, plus de trois cens mille. Ce qui est plus certain, c'est que ſon tombeau qui ſe voit dans l'Egliſe de S. Sauveur de Blois où elle fut enterrée, eſt très-ſimple *. M. de Thou dit qu'on ceſſa de parler d'elle dès qu'elle fut morte, ou plutôt qu'on ne parla plus que du mal qu'elle avoit fait ; il étoit trop préſent pour qu'on n'en oubliât ſi aiſément celle qui en étoit la principale cauſe, il faudroit donc dire qu'elle n'y avoit point contribué ; ce qui n'eſt pas. Je me ſuis aſſez étendu pour faire connoître ſon caractère, ſans le rappeller de nouveau ; je finis ſeulement par dire que Catherine de Medicis fut un de ces portraits à deux faces, de qui l'on peut dire bien du mal & beaucoup de bien. Si l'on ne regarde que ces vertus poli-

* Peut-être dès-lors n'avoit-on pas deſſein qu'elle y reſtât ; elle s'étoit fait bâtir un magnifique mauſolée à S. Denis pour elle, ſon mari & ſes enfans. Son corps y fut apporté en 1609, par les ſoins de la Ducheſſe d'Angoulême, & mis, ſelon ſon intention, à côté de celui de Henri II. ſon mari.

tiques, son génie, on ne peut lui contester d'avoir eu peu de semblables, & de mériter place parmi les plus illustres. Si on ne fait attention qu'à ses défauts, pour le moins aussi grands & aussi nombreux que ses vertus, on peut dire que jamais femme n'a fait plus de mal à la France, si l'on en excepte une Isabelle de Bavière, qui cependant est plus excusable. Une des plus grandes vertus qu'on puisse remarquer en cette Princesse, c'est d'avoir toujours méprisé les murmures & les calomnies qui se débitoient à son sujet. Elle ne voulut jamais qu'on fît la recherche de l'espèce de Démon incarné qui composa le libelle le plus diffamant contre S. M. & qu'il intitula : *La Catherine.* « Varillas » dit, j'ai appris dans les conférences » de MM. Dupuis qu'elle eut la curio» sité de se faire lire cette satyre pen» dant qu'on la coeffoit, & qu'elle en » critiqua tous les articles l'un après » l'autre :

Histor. de Henri II. *Avertissement.*

» l'autre : qu'elle avoua de bonne foi une » partie des fautes qu'on lui reprochoit, » & qu'elle accusa les autres de fausseté : » qu'elle ajouta quelquefois, par une naï- » veté dont les Dames Italiennes sont peu » capables, que si ses ennemis eussent été » mieux informés de la vérité, ils au- » roient rendu leur Satyre plus curieuse, » sans comparaison, en exposant dans » toute leur étendue les défauts qu'ils ne » lui reprochoient qu'à demi ; & que » pour comble de sincerité, elle exposa » nettement les choses qu'ils avoient dû » dire contr'elle, pour la dépeindre aussi » méchante qu'ils vouloient qu'elle fût. »

MM. Dupuis ajoutent que les femmes de Catherine qui avoient beaucoup d'esprit, pour ne pas oublier ce qu'elle leur avoit dit, l'écrivirent immédiatement après qu'elles furent hors de sa présence, & qu'il en restoit encore des mémoires dans les cabinets des Curieux.

Elle aima & cultiva les Lettres & les

Arts; mais ſon goût pour l'Aſtrologie judiciaire fut cauſe que la France fut inondée d'Aſtrologues, de Devins, de Diſeurs de bonne avanture, gens dont l'effronterie & l'ignorance ſont ſouvent auſſi funeſtes à l'Etat qu'aux Particuliers aſſez ſots pour leur donner leur confiance. On voit encore dans l'emplacement de l'Hôtel de Soiſſons un monument, qui prouve ſon goût pour l'Aſtronomie.

Catherine avoit fait un teſtament que le Parlement de Paris confirma en 1606, en faveur de Marguerite ſa fille, & ſon unique héritière, ce qui la rendit fort riche; car ſes biens conſiſtoient dans les Comtés d'Auvergne de Lauraguais, Leverons, &c. & d'autres terres, dont le revenu montoit à cent vingt mille liv. ſomme qu'on ne doit pas apprécier aujourd'hui par une pareille. Sa dot revint à Marguerite après la mort de Henri III, elle étoit de deux cens mille ducats, qui en vaudroient aujourd'hui plus de quatre cens mille. Elle eut encore quantité de meubles, de pierreries & de joyaux. Son Hôtel, qui étoit ce qu'on a depuis appellé l'Hôtel de Soiſſons, fut laiſſé à ſa petite fille Chriſtine de Lorraine; mais à cauſe des dettes elle fut vendue en 1601 à Madame, ſœur de Henri IV. Après ſa mort à M. le Comte de Soiſſons; en 1624 ſa fille le porta pour dot au Prince de Savoye Carignan.

Ce fut Regnaud de Beaune, Archevêque de Bourges, qui fit le Panégyriſte de Catherine.

ÉLISABETH DE FRANCE, REINE D'ESPAGNE, FEMME DE PHILIPPE II.

ÉLISABETH, fille aînée de Henri II. & de Catherine de Médicis, fut une de ces victimes qu'on immole à la politique & aux raisons d'État. D'abord on la destina pour Dom Carlos, fils de Philippe II : mais le père l'ayant demandé pour elle par un article du traité de Cateau-Cambrésis, on ne put honnêtement la lui refuser, & lui faire sentir qu'elle convenoit mieux au Prince. Ainsi cette Princesse née le deux Avril 1545 à Fontainebleau, fut obligée d'aller prendre dans le lit de Philippe la place de Marie d'Angleterre qui venoit de mourir; & qui, ainsi que Philippe, eût pu être plus que l'ayeule d'Elisabeth, qui n'avoit pas quatorze ans. Elle avoit eu pour

parrein Henri VIII, Roi d'Angleterre, & pour marreines Eléonore d'Autriche, Reine de France, & Jeanne, qui fût Reine de Navarre. Sa Gouvernante fut Catherine de Pierrevive, mère du Maréchal de Retz, femme fort vertueuse, & qui inspira ses sentimens à Elisabeth. Edouard VI, Roi d'Angleterre, l'envoya demander en mariage; on la lui promit, mais peu après il mourut, & cette Princesse recherchée par les plus jeunes Princes de l'Europe, tomba entre les mains du plus vieux & du plus jaloux. Les fêtes, à l'occasion de ce mariage, furent une des principales causes de la
mort funeste de Henri II. Ainsi cet hy- 1559.
men fut éclairé par des cyprès, ce qui sembloit annoncer la destinée de cette Princesse. Elle eût bien voulu que cet accident dégageât la Cour de France de sa parole. Mais outre que ce mariage étoit le nœud de la paix *, dont les deux

* On la surnomma par cette raison Elisa-

Royaumes avoient grand beſoin, c'eſt que les Guiſes, qui eurent beſoin de la Cour d'Eſpagne pour leurs ambitieux projets, eurent intérêt de hâter qu'on y mît le dernier ſceau. A peine Henri II. eût-il les yeux fermés, que les Guiſes tout puiſſans ſous François II. qui avoit épouſé leur nièce, pour écarter de la Cour le Roi de Navarre, le firent choiſir pour conduire l'infortunée Reine en Eſpagne. On ne prit que le tems néceſſaire pour faire les équipages les moins indiſpenſables; & pour donner avis au Roi d'Eſpagne de l'envoyer recevoir. Il fit partir auſſitôt le Cardinal Mendoza & Dom Lopez de la même maiſon. Ils trouvèrent la Princeſſe à Saint-Jean-de-

---

beth de la Paix. Du Bellai dit à ce ſujet:

Par elle en paix ſont la France & l'Eſpagne,
Par elle unis ſont les deux plus grands Rois,
Du ſang d'Autriche & du ſang de Valois,
Fille de l'un & de l'autre compagne.

Luz. Le Cardinal, qui s'apperçut de son chagrin & de la violence qu'elle se faisoit, pour ne pas témoigner combien ce mariage lui déplaisoit, pour compliment lui dit ces paroles du Psalmiste : *Audi, filia, & vide, & inclina aurem tuam oblivifcere populum, & domum patris tui, & concupiscet Rex decorem tuum quoniam ipse est Dominus tuus.* Écoutez, ma fille, ouvrez les yeux & prêtez l'oreille, oubliez votre peuple, la maison de votre père & le Roi concevra de l'amour pour votre beauté; car il est votre Seigneur & votre maître.

Ce mot de maître, auquel les oreilles de nos Dames ne sont pas accoutumées, fit tant d'impression sur l'esprit de cette jeune Reine, qu'elle tomba évanouie dans les bras du Roi de Navarre & de Mademoiselle de Bourbon. Lorsqu'elle fut revenue, elle eut un autre sujet de chagrin bien plus sensible; la Reine de Navarre & les autres Dames de sa suite lui dirent que le retard qu'elle apportoit à partir, ne pourroit rompre le voyage, qu'ainsi il falloit s'armer d'un peu de fermeté & prendre son parti. Ces mots achevés, elles lui firent le dernier adieu. Les Princes firent la même chose, &, selon la coutume, ils furent pour l'embrasser. Les Espagnols courroucés voulurent empêcher cette dernière cérémonie, les Princes piqués ne reculèrent pas pour cela; mais leur réponse fut pour la Princesse un pressentiment du malheur qui devoit lui arriver. Elle en étoit si frappée, que pendant toute la route elle ne cessa de répéter aux Dames de sa suite, qu'elle avoit consenti à ce mariage par complaisance, & qu'elle aimeroit mieux être la femme du plus petit Prince, que Reine de tant de Royaumes, qui pour elle ne valoient pas le plus petit château de la France.

Favin. Hist. de Navarre.

Dès que la Princesse fut arrivée à Madrid, on la conduisit au Château. Comme à sa première entrevue avec le Roi elle le regardoit fixement & avec surprise, ce Prince lui demanda assez brusquement, si elle regardoit qu'il avoit déjà les cheveux blancs; voilà les premières douceurs qu'il lui dit, & qui annoncèrent l'infortune de ces deux personnes si mal assorties. Dom Carlos, qui s'étoit flatté agréablement de l'épouser, sur le bruit que la renommée avoit publié de sa beauté, avoit livré son cœur à une grande passion : la présence de la Reine ne l'amortit pas; car contre son attente il vit que sa beauté surpassoit tout ce qu'on avoit pu dire. Il étoit si difficile de l'aimer, dit l'Abbé de Saint-Réal, que c'est encore aujourd'hui une tradition dans la Cour d'Espagne, qu'il n'y avoit point d'homme sage qui osât la considerer en face; autant de fois qu'elle sortoit, c'étoit autant de triomphes pour elle; & s'il est vrai que la beauté ſoit une eſpèce de royauté naturelle, on peut dire que jamais Reine ne fût plus Reine qu'elle. Ainſi il n'eſt pas ſurprenant que Dom Carlos l'ait aimée. La Reine le paya de retour; mais elle renferma ſa paſſion dans les bornes de la ſageſſe, & évitoit même juſqu'à la vue de celui qui eût dû être ſon époux; ce qui ne fit qu'irriter la paſſion, car, dit Brantome, « je ſçais de bonne part » que Dom Carlos ayant vu la Princeſſe » en devint ſi amoureux & ſi plein de » jalouſie, qu'il en porta grande peine » toute ſa vie à ſon père, & fut ſi dé» pité contre lui, pour lui avoir ſouſ» trait ſa belle proye, qu'onques bien » il ne l'aima juſques à lui dire & à lui » reprocher qu'il lui avoit fait grand » tort & injure de lui avoir ôté celle » qui lui avoit été promiſe ſolemnelle» ment par un bon accord de paix; auſſi, » dit-on, que cela fut cauſe de ſa mort » en partie, avec d'autres ſujets que je

» ne dirai point à cette heure ; car il ne » se pouvoit garder de l'aimer dans son » ame, l'honorer & la révérer tant la » trouvoit aimable & agréable à ses yeux, » comme elle l'étoit en tout. . ; Son vi- » sage étoit beau & ses cheveux noirs » qui adombroient son teint, & le ren- » doient si attirant, que j'ai oui dire en » Espagne que les Seigneurs ne la pou- » voient régarder de peur d'en être pris, » & en causer la jalousie au Roi son » mari, & par conséquent eux courir » fortune de leur vie, les gens d'Eglise » en faisoient tout de même de peur » de tentation, ne connoissant assez de » forces & commandement à leur chair, » pour s'en garder d'en être tentés. »

Comme elle avoit la taille fort haute & fort belle, ce qui est fort rare, & surtout en Espagne c'est ce qui la rendoit plus remarquable ; car elle l'accompagnoit d'un port majestueux, mêlé de la gravité Espagnole & de la douceur Françoise, aussi fut-elle adorée du peuple & de la Cour. Elle ne l'avoit pas moins été en France.

Cette Reine ne fut pas plutôt arrivée en Espagne, que l'air de cette Cour, bien différent de celui de celle de France, & le chagrin l'a changèrent entièrement. Philippe qui la conservoit & la regardoit comme un avare qui envisage son trésor, s'en appercevant demanda la cause de sa mauvaise santé à quelques-unes de ses femmes; ils accommodèrent la réponse à la façon de penser de ce Prince, qui, quoiqu'il eût une femme dont la vertu surpassoit la beauté, ne put s'imaginer que la fille d'un père si galant, & d'une mère qui avoit toujours nagé dans les plaisirs & s'étoit nourrie d'intrigues, put avoir assez de vertu & de raison pour sacrifier les siens à son devoir. Le tems ne fit que l'aigrir, il devint jusqu'à être jaloux de son fils, & bientôt lui fit un crime de l'être; sa haine augmenta jusqu'au point qu'il le sacrifiât à sa politique. Pour couvrir sa fureur du voile de la Religion; il le livra à l'Inquisition, qui, selon l'intention du Monarque, le condamna à mort comme criminel d'Etat, & pour avoir cherché à favoriser les Religionnaires. Ce fut un cruel état pour la Reine lorsqu'elle apprit cet arrêt de mort, d'autant qu'elle ne put avoir la consolation de faire aucune démarche pour lui, ce qui n'eût pu qu'accélérer la perte de tous deux. Elle n'en fut pas plus heureuse, & trois mois après Philippe immola à sa jalousie une nouvelle victime. Le Marquis Deposa s'étant apperçu du chagrin qui dévoroit la jeune Reine, & de la façon dont Philippe la traitoit, y fut fort sensible, d'autant qu'il découvrit sans peine qu'elle méritoit un sort plus heureux. Plus hardi que les autres, il s'empressa à la consoler par mille petits soins, que l'Espagnol ignore d'ordinaire, parce qu'il croit qu'il blesseroit par-là sa fierté,

& qu'il veut la conserver même en faisant l'amour. Elisabeth, qui n'avoit jamais vu à sa suite en France que des Courtisans, charmée d'en trouver un dans un pays où les hommes par crainte affectoient d'être des ours pour elle, tâcha de lui en prouver sa reconnoissance par des politesses dont les Françoises ne sont point avares, & à la moindre desquels elles sçavent mettre un prix. Philippe ne tarda pas d'en être averti, il ne put croire la Princesse innocente, il devint si jaloux qu'il en perdit la raison. Dans un de ces momens de fureur qui lui étoient communs, il lui donna un breuvage empoisonné, dont elle mourut le 3 Octobre 1568, à l'âge de 23 ans, n'ayant eu pendant huit ans de mariage d'autres consolations que de voir son frère & sa mère. Ayant en 1565 fait la visite du Royaume, Philippe consentit qu'elle s'avançât sur les frontières pour les voir. Tous nos Historiens conviennent que Philippe fit mourir sa femme. Ils ne diffèrent que dans les circonstances. Favin, Auteur contemporain, dit qu'il l'empoisonna deux fois. « Ce Prince, dit-il, coeffé du bonnet » de jalousie, résolut d'avoir la fin de » sa femme, à laquelle furent donnés » quelques breuvages empoisonnés : » mais étant grosse, & leur effet ayant » trop long-tems tardé, son mari la for» ça d'en prendre un autre si violent, » que l'ayant fait accoucher au cinquiè» me mois de sa grossesse, elle mourut. »

Il rapporte encore un trait qu'il a raison d'appeller d'extrême cruauté. C'est que le matin qu'on donna à cette Princesse le breuvage dont elle mourut, Philippe la fut voir déjà vêtu de deuil. Le même Ecrivain à ce sujet remarque que toutes les Infantes d'Espagne ont été heureuses en France, & que presque toutes les filles de France mariées en Espagne y sont mortes de mort violente;

il en compte ſix qu'il nomme.

Herrera attribue la mort violente d'Eliſabeth aux ſaignées qu'on lui fit, les Médecins ne croyant pas qu'elle fût groſſe ; ce qui l'a fit accoucher d'un enfant mâle à cinq mois qui lui cauſa la mort : mais il ne trouvera guères créances en France, où les femmes groſſes ont coutume de ſe faire ſaigner. J'en connois qui ont accouché ſix fois heureuſement, & qui n'ont jamais manqué de ſe faire ſaigner quatre & ſix pendant leur groſſeſſe. Peut-être que depuis les Médecins ont aſſujetti leur état à leurs ordonnances, & qu'ils diſent comme un de leur membre, à qui l'on diſoit que ce n'avoit jamais été la coutume de ſaigner quand la petite vérole étoit déclarée, qu'il falloit bien que la maladie s'y accoutumât. Quoi qu'il en ſoit, Mezerai dit que Catherine de Médicis vérifia que le Roi d'Eſpagne avoit fait empoiſonner ſa fille, par des informations ſecrettes qu'elle fit faire,

& par les dépositions des domestiques de cette Princesse, lorsqu'ils furent de retour en France. Le mauvais état où étoient les affaires du Royaume, empêcha la Cour de se plaindre, & de tirer vengeance d'une mort dont on ne peut douter *, en songeant que ce barbare père fit étrangler ou étouffer son fils unique; crime qu'il renouvella en la personne de son frère Dom Juan d'Autriche dix ans après. Ce Prince si furieux dans ses transports de jalousie, étoit cependant l'homme le plus flegmatique qu'on put voir. Ayant armé une flotte qu'on nomma l'Invincible, parce qu'elle couvroit tout l'Océan, à dessein de conquérir l'Angleterre; il n'en put revoir que quelques débris, la tempête l'ayant ruinée entièrement à la vue des côtes de la Grande-Bretagne. Lorsqu'on lui apprit ce désastre, il étoit à écrire; il répondit seulement, je ne l'avois pas envoyée

* Un Jésuite Espagnol osa faire ce reproche en chaire, & en accusa le Roi assez ouvertement.

combattre les vents, & continua ce qu'il faiſoit, comme ſi on lui eût appris la plus indifférente nouvelle. Une autre fois ayant paſſé toute une nuit à faire des dépêches, ſur le matin il les donna à ſon Secrétaire, qui les étala toutes ſur une table pour y mettre les adreſſes. Pour qu'elles ne s'effaçaſſent point, il voulut y mettre de la pouſſière; mais comme il étoit à moitié endormi, n'ayant pas l'ardeur de ſon maître; au lieu de la ſablière il prit l'encre, & la répandit tellement que tout l'ouvrage de la nuit fut perdu. Philippe tranquillement lui dit : voilà le cornet à l'encre & voilà la ſablière, & ſans autre mouvement d'impatience, il ſe mit à écrire ſur de nouveaux frais. Ce n'étoit plus le même homme dans ſes autres paſſions, il étoit jaloux de toutes les femmes. Un jour on vint lui dire que ſa ſœur étoit tombée de cheval, il ne demanda point ſi elle étoit bleſſée; mais d'un ton de dépit, ſi elle étoit tombée honnêtement.

Aussitôt on lui dit très-honnêtement. Un pareil accident arrivé à sa femme ou à une de ses maîtresses, leur auroit coûté la vie & aux plus proches spectateurs.

Elisabeth avoit eu deux enfans, *Elisabeth-Claire Eugénie*, qui épousa l'Archiduc Albert, & *Catherine-Emmanuel* qui fut femme du Duc de Savoye. Leur mère fut enterrée dans l'Eglise des Religieuses Déchaussées de Sainte-Claire à Madrid, où elle est réputée pour Sainte, à cause de sa douceur, de sa patience, de sa modestie, de son humilité, de sa chasteté, des tourmens qu'elle eut à souffrir; de sa piété, de sa charité envers les Eglises & les pauvres, & surtout les jeunes filles dont la vertu étoit en danger, n'ayant pas dequoi fournir à une dot.

Voici son épitaphe.

Dessous ce marbre gît Elisabeth de France,
Qui fut Reine d'Espagne & Reine du repos,
Chrétienne & Catholique; sa très-belle présence
Nous fut utile à tous : or que ses nobles os
Sont du tout asseichez & gissent dessous terre,
Nous n'aurons rien que mal, que trouble & guerre.

GABRIELLE D'ESTRÉES, *DUCHESSE* DE BEAUFORT.

GABRIELLE, surnommée la Belle, étoit fille de Françoise Babou de la Bourdaisière & de Jean d'Estrées, Grand-Maître d'Artillerie, issu d'une maison qui est incontestablement de la plus ancienne Noblesse de Picardie. Gabrielle a joué dans l'Histoire un bien grand rôle; elle est entièrement justifiée, si on veut adopter la maxime de Bayle, qui concluoit que la mère de Dom Juan, bâtard de l'Empereur Charles-Quint, n'avoit pas beaucoup de mérite, en cachant constamment au Public sa maternité, parce qu'il y a peu de Dames, dit-il, qui ne fussent honorées d'être maîtresses d'un si grand Empereur. Sans prétendre décider sur ce point, je dirai que les plus sages ſeroient les plus réſervées à prononcer ſi elles étoient juges en pareilles affaires. La vanité, l'ambition ou l'amour ſouvent d'une fauſſe gloire, fait faire beaucoup de fauſſes démarches aux hommes, que nous excuſons & que ſouvent on loue : pourquoi n'avoir pas la même indulgence pour les femmes? Je n'en vois qu'une raiſon, c'eſt parce que les hommes louent auſſi volontiers leurs pareils, que les femmes calomnient les perſonnes de leur ſexe & médiſent d'elles. L'ambition, il eſt vrai, permet tout aux hommes; mais la ſeule qui ſoit permiſe à une femme qui a de la raiſon, c'eſt de mériter l'eſtime & l'admiration des perſonnes qui ont de l'honneur & du jugement. L'ambition, quand elle domine une femme, l'oblige à faire des démarches bien contraires à la fierté naturelle & à l'amour-propre : mais cela peut-il convenir à celles que fait une femme, quand elle traite avec un Roi?

Son humiliation n'en eſt-elle pas annoblie ? Qu'il n'y ait plus d'envie, de jalouſie, ah ! qu'on enviſagera bientôt les choſes d'un autre œil ! D'ailleurs eſt-ce l'horreur du vice, l'amour de la vertu, qui engage tant de perſonnes à médire ? Celles qui médiſent le plus, ſurement ne ſont pas moins vicieuſes que les autres.

Gabrielle, qui porta ſucceſſivement les noms de Madame de Liancourt, de Marquiſe de Monceaux, de Ducheſſe de Beaufort, avoit un extérieur qui lui donnoit l'aſſurance de plaire, & c'eſt le plus bel ornement d'une belle perſonne. Les graces, les belles manières le relevoient plutôt que la beauté de la figure; car ſans les graces la beauté ne plaît jamais. Les manières annoncent la nobleſſe, l'éducation. Avec moins de beauté Gabrielle eût ſçu plaire & fixer, parce qu'on étoit plus épris des charmes de l'eſprit que de ceux du corps, dès qu'on l'avoit connue. Une belle femme sans esprit peut faire aisément des conquêtes & en grand nombre; mais il faut avoir bien des talens pour en sçavoir conserver une. Quels sont ces talens, dira-t-on? Il ne faut que ceux de la société, ceux qui paroissent les plus communs, & qui sont cependant ceux qu'on trouve le moins; car pour ce qui est de ceux qui éblouissent au premier abord, on est trop en garde. Une femme qui veut montrer trop d'esprit, laisse un préjugé contre elle, on la craint: les talens supérieurs sont pour les autres un poids fort pesant, il est insupportable, lorsqu'on y joint celui de l'ostentation. Gabrielle en fut toujours ennemie. La fortune, l'amour vinrent la chercher; on peut dire qu'elle ne fit aucune démarche pour les seconder, au contraire son caractère y étoit opposé; elle avoit celui de son père, qui étoit fort jaloux sur le point d'honneur, & qui étoit fort capable de les inſpirer à ſa fille, en qui il trouvoit les plus heureuſes diſpoſitions ; auſſi il s'en faut de beaucoup que Gabrielle ſoit auſſi décriée que pluſieurs de ſes parentes. L'on peut raiſonnablement préſumer que ſa mère & ſes tantes * lui don-

* Sa mère étoit fille de Philbert Babou & de Marie Gaudin, qui paſſa pour être la plus belle femme de l'Europe. On voit ſon tombeau dans l'Egliſe Collégiale de Notre-Dame de Bondéſir, entre Tours & Amboiſe. Elle y eſt en repréſentation couchée nue en marbre blanc; plus loin dans la même Egliſe eſt le ſépulcre du Sauveur en pierre, où elle repréſente la Sainte Vierge, ſes trois filles, non moins belles qu'elles, y tiennent la place des trois Maries. Lorſque le Pape Léon X. la vit à Bologne en 1516, où elle étoit allée à l'occaſion de l'entrevue de ce Pape & de François I. il fut ſi charmé de ſa rare beauté, qu'il lui fit préſent d'un très-beau diamant, qui, par tradition domeſtique, fut appellé dans la maiſon de Sourdis, où il ſe conſerve le diamant Gaudin. Elle eut un fils & trois filles, *Françoiſe*, mère de la belle Gabrielle. Elle fut aſſaſſinée à Iſſoire en Auvergne, dans une ſédition qui s'émut contre le Marquis d'Alègre-Meillant ſon galant. *Iſabelle*, épouſe du Marquis de Sourdis, qui depuis ne ſe cacha pas d'être la maîtreſſe du Chancelier Chiverni. Comme on le vit un

nèrent

nèrent des leçons, qui frappent toujours une belle & jeune personne. Néanmoins si on n'excepte ses amours avec Henri IV. on ne peut trouver dans sa vie aucun trait, qui puisse trouver place dans une chronique scandaleuse. L'on verra même, au jugement des Écrivains les plus satyriques de son tems, & qui étoient en fort grand nombre, qu'elle vécut plutôt en Reine qu'en Concubi-

---

jour parrein d'un de ses enfans, en le voyant passer, on dit hautement : Voilà le père & l'enfant. La Sage-femme se plaignant que l'enfant étoit très-lourd, un plaisant lui répondit : C'est qu'il porte la cire & les sceaux. Elle fut mère du Cardinal Sourdis. Ce fut elle qui apprit à sa nièce à faire l'amour, & comment elle pourroit retenir Henri IV. dans ses filets, dequoi elle fut, dit la Gazette scandaleuse, si reconnoissante, qu'elle procura à son fils le chapeau de Cardinal.

La troisième fut Marie Babou, qui de Claude de Beauvilliers, Comte de Saint-Aignan, eut Marie de Beauvilliers, Abbesse de Montmartre, fort connue dans le Journal de Henri IV. D'aucune maison il n'est sorti tant de belles femmes, mais elles n'en relevèrent pas l'éclat par la vertu qui lui donne un si beau lustre.

ne, nom qui a toujours par l'usage quelque chose d'odieux pour une femme de sa condition. Elle n'étoit pas née pour le trône; cependant sans trop écouter l'amour-propre, elle y pouvoit aspirer, sa beauté lui fit espérer de pouvoir s'en frayer le chemin. Quoique le moyen que la foiblesse lui fit employer pour y parvenir fût illégitime, & soit aux dépens de la vertu & de la délicatesse des sentimens, néanmoins en l'envisageant de près il ne paroît plus si blâmable. Un trône où la faveur de celui qui est dessus a tant d'attraits, que pour y resister, il faut qu'une femme ait quelque chose de plus que de la vertu; car avec la plus grande, si l'on s'expose au combat, la défaite est presque certaine.

Je ne dirai rien des premières années de sa vie, elle les passa comme toutes les Demoiselles de sa condition, qui à la naissance joignent la beauté, & à qui l'on apprend que trop le pouvoir qu'elle a ſur le cœur des hommes; car c'eſt ce qu'une Religieuſe apprend à une Demoiſelle, ainſi qu'une femme du monde, l'une à force de lui repréſenter ce qui eſt à éviter pour ne faire point parler d'elle, pour ne point attirer les regards d'autrui, lui apprend préciſément ce qu'il faut pour les fixer & pour trouver le moyen de plaire; l'autre pour lui faire perdre l'envie d'être connue, remarque ſa beauté, ſon eſprit avec cent obſervations malignes, qui bientôt ne la feront que perſuader que c'eſt une eſpèce de néceſſité pour les femmes mal partagées de la Nature, de chercher à obſcurcir tout ce qui les rend hideuſes & mépriſables par comparaiſon.

L'âge ayant développé tous les traits de la Nature dans Gabrielle, ſa beauté fit ſi grand bruit par toute la France, que bientôt la renommée le fit parvenir juſqu'à Henri IV, Prince auſſi propre pour faire l'amour que la guerre. Gabrielle alors, si l'on en croit la Gazette médisante, avoit dans ses filets Bellegarde, Grand Ecuyer de France, qui aimoit & étoit aimée. Il n'y a qu'une chose qui ait pû le faire dire, c'est que Bellegarde avoit une figure qui le fit aimer de toutes les femmes, & qu'il fut toujours fort jaloux de flatter leur vanité & la sienne; ainsi lorsqu'on eût vu Gabrielle, on soupçonna que deux personnes si avantagées de la Nature & d'un sexe différent, ne pouvoient avoir eu l'une pour l'autre ce qu'on appelle qu'indifférence. La malignité aussitôt applaudit, paraphrasa, & à ce sujet l'on répandit bien des bruits, lorsqu'elle fut la maîtresse de Henri IV : mais Sully, ennemi des maîtresses de Henri IV, & qui ne les épargna guères, dit que tous ces bruits sont sans preuves, & que la malice seule les inventa. Quoi qu'il en soit, le Roi lui-même n'y fit jamais aucune attention. Sa beauté le frappa davantage. Il y a encore tout lieu de présumer que le Roi voulut sonder comme elle recevroit la déclaration d'amour qu'il ne manqueroit pas de lui faire dès qu'il l'auroit vue. On ne sçait pas qui fut l'émissaire qui étoit d'autant plus utile, que la Belle étoit fort gardée à vue par son père dans son château de Cœuvres. Comme les travaux de la guerre n'empêchoient pas Henri IV. 1590. de songer à autre chose, il s'imagina que lui sçachant un ennemi en tête, on garderoit moins celle à qui on sçavoit qu'il en vouloit : ainsi il se déroba, lorsqu'il Novembre. fut arrivé à Attichi, de ses gens qui étoient à la poursuite du Prince de Parme, & alla voir, pour la première fois, la belle Gabrielle qui étoit à Cœuvres. Pour ne point donner de soupçons au père, il se contenta, dit le P. Mathieu, de prendre du pain & du beurre à la porte; puis remonta à cheval, en disant qu'il alloit vers l'ennemi, & que bien-

tôt la Belle entendroit ce qu'il auroit fait pour l'amour d'elle. Les occupations de la guerre occupèrent assez Henri IV. pour l'empêcher de ressentir les effets de sa nouvelle passion pour la Demoiselle, qui, n'ayant aucune occupation, sentit vivement l'absence d'un Prince qu'elle aima dès la première entrevue, à cause de sa naïveté, & pour avoir mis à ses pieds tout l'éclat de la Royauté. L'absence, comme c'est l'ordinaire, ne fit qu'accroître leur passion. Le Roi ne put cacher long-tems la sienne, il l'a rendit bientôt publique. La Demoiselle de son côté crut que donner son cœur à un Roi, effaçoit la tache qu'elle alloit faire à sa réputation. Le Roi lui rendit plusieurs visites en secret, mais la gêne n'est point faite pour les Monarques. Se croyant assuré du cœur de la Demoiselle, il la fit venir à Saint-Quentin, où il resta avec elle
1591. pendant que son armée faisoit le siège

de Corbie. Cette absence du Roi faisoit murmurer quelques-uns; mais ils ne connoissoient pas assez le Prince qui sçavoit tout accommoder, & que s'il se reposoit, ce n'étoit que pour se ménager pour les grandes entreprises. Il avoit négligé de se trouver au siège de Corbie; mais il n'agit pas de même pour celui de Rouen, d'autant que le Prince de Parme se flattoit de le faire écheoir devant cette place; il ne changea pas de langage lorsqu'il vit le Prince s'avancer à lui: car comme il vouloit conserver Rouen, & non risquer une bataille, Henri IV. non seulement perdit ses pas, mais il manqua d'y perdre la vie. Il fallut un secours tout particulier du ciel sur sa personne pour être sorti du combat d'Aumale avec une seule blessure. Cette nouvelle inquiéta fort la Demoiselle, qui prévit le danger où la mort du Roi l'exposeroit. Elle restoit à la merci de sa famille, qui ne regardant encore

Henri IV. que comme un petit Roi, ne le croyoit pas en état d'effacer par ses bienfaits la prétendue honte qu'elle faisoit à sa maison. Le Roi rassura bien vîte sa maîtresse, en lui faisant sçavoir qu'elle n'en auroit que la peur. Il lui en donna plus d'une fois de pareilles. Elle le vit souvent arriver chez elle déguisé, après avoir traversé ainsi les gardes ennemies. Comme elle sçavoit que s'il tomboit entre les mains de la Ligue, qu'elle lui feroit un mauvais parti, elle lui faisoit de tendres reproches de ce qu'il s'exposoit ainsi sans nécessité. Cela ne le corrigea pas; il se déroboit si souvent de son armée pour l'aller voir, que quelques précautions qu'il prît, il ne put empêcher qu'elle n'en fût informée, ce qui l'inquiétoit fort. Elle eût mieux aimé le voir sur un champ de bataille, parce qu'elle sçavoit qu'il sçauroit mieux s'en débarrasser, que d'une embuscade. Il fut néanmoins assez heureux pour toujours sortir sain & sauf du danger. Sa réputation cependant en souffrit quelquefois. On lui reproche de n'avoir été en Picardie, après que le Duc de Parme eût traversé la Seine à Caudebec, que pour satisfaire son amour; & le Maréchal de Biron, qui connoissoit & flattoit ses foiblesses, lui dit qu'il ne pouvoit rien faire de mieux, quoiqu'il fût assuré que le meilleur parti qu'il pût prendre, étoit de harceler le Duc de Parme dans sa retraite. Le Roi se retira d'abord à Compiègne. Pendant plusieurs années il ne se passa rien de remarquable entre lui & sa maîtresse. Seulement elle prit la liberté de lui représenter que pour avoir sa couronne dans son entier, il falloit qu'il rentrât dans l'ancienne Religion. Ce conseil si souvent réitéré, fit impression sur l'esprit du Roi, qui, après bien des délibérations, la satisfit & tous ses bons sujets, en faisant abjuration le 25 de Juillet dans S. Denis.

1593. Le conseil de Gabrielle n'étoit pas cependant désintéressé, au rapport de d'Aubigné, qui dit qu'elle eut grande part à la conversion du Roi, dans l'espérance de devenir Reine, si Henri étoit nommé Roi. On ne peut contredire son sentiment; mais il est toujours louable qu'une telle femme sçache donner des conseils, qui sont autant pour le bien de l'Etat que favorable à ses intérêts. D'ailleurs, il fallut quelque chose de plus, pour qu'elle pût persuader Henri; car jusqu'au moment de sa conversion, il lui représenta que la démarche de son abjuration pouvoit l'exposer à de grands risques; c'est ce qui se voit par les lettres que ce Prince lui écrivoit, & qui sont conservées. J'y renvoye les curieux. Je suis persuadé que la lecture leur fera beaucoup de plaisir, c'est le cœur qui parle, le style est d'un naturel plus admirable qu'imitable; elles se trouvent dans le Journal de Henri III, & ont été recueillies par M. Servien, Avocat général, & qui passe pour l'Auteur de ce Journal.

Le Roi écrivit trois jours avant son abjuration à sa maîtresse : « Ce sera Di-» manche que je ferai le saut périlleux ; » à l'heure que je vous écris j'ai cent » importuns sur les bras, qui me fe-» ront haïr S. Denis, comme vous fai-» tes de Mante. » C'est que S. M. étoit sans elle dans cette ville. Dans la lettre qui lui donnoit avis qu'il avoit fait le saut périlleux, il lui dit entr'autres choses : « J'ai reçu un plaisant tour à l'E-» glise, une femme âgée de quatre-vingt » ans m'est venu prendre par la tête & » m'a baisé, je n'en ai pas ri, vous » croyez bien le premier, demain vous » dépolluerez ma bouche. »

Le Roi après son abjuration fit un voyage à Mante, à Châlons-sur-Marne, au Fort de Gournai, à Brie-Comte-Robert, à Melun, à Meulan & à Fontai-

nebleau, & dans plusieurs autres villes,
1594. d'où il fut à Chartres pour se faire sacrer. Cette cérémonie acheva de lui gagner le cœur de ses sujets. La réduction de Paris en fut une preuve. Pendant ce tems-là la belle Gabrielle n'avoit pas été sans inquiétude. Son père pour la guérir de sa passion, la contraignit d'épouser Nicolas d'Amerval, Seigneur de Liancourt *. Elle donna avis de cette contrainte à son Amant. Il s'imagina que Liancourt lui demanderoit au moins son consentement; mais voyant qu'il passoit par dessus, il l'en punit en empêchant, au grand contentement de la belle, que le mariage ne fût consommé. Comme cela arriva, il fit sans peine rompre par la suite le mariage. A ce

* *Quelques-uns disent qu'elle l'épousa pour se délivrer de la tyrannie de son père, & parce que le Roi lui promit qu'il sçauroit empêcher que le mariage ne fût consommé, & même qu'il le feroit casser; ce qu'il fit.*

chagrin en ſurvint un autre, dont les ſuites pouvoient être plus fâcheuſes. Sancy du Harlai avoit rendu de grands ſervices à Henri III & à Henri IV, il crut ſans doute qu'en leur conſidération il lui étoit permis de donner un libre eſſor à ſa langue, même aux dépens de S. M., puiſqu'il l'attaquoit par ſa maîtreſſe, qu'il offenſoit par un endroit des plus ſenſibles. L'offenſe étoit d'autant plus grande, que Sulli dit qu'il donna cours à une hiſtoire qu'il croit n'avoir jamais été qu'un conte. Voici comme il la raconte. « Alibour, premier Mé-
» decin du Roi, ayant été envoyé par
» S. M. viſiter Madame de Liancourt,
» qui avoit mal paſſé la nuit, vint re-
» dire qu'il avoit trouvé un peu d'émo-
» tion dans la malade, mais que la fin
» de ſa maladie en ſeroit bonne. Ne la
» voulez-vous pas ſaigner & purger, lui
» dit le Roi? Je m'en donnerai bien de
» garde, répondit ingénument le vieil-

» lard, avant qu'elle ſoit à mi-terme:
» Comment, reprit le Roi ſurpris, que
» voulez-vous dire bon-homme? Ali-
» bour appuya ſon ſentiment de bonnes
» eſpérances, que le Prince crut bien
» détruire, en lui apprenant plus par-
» ticulierement en quels termes il en
» étoit avec la Dame: je ne ſçais, dit
» le Médecin, ce que vous avez fait ou
» point fait; mais je vous renvoye à ſix
» ou ſept mois d'ici pour connoître la
» vérité de ce que je dis. Le Roi quitta
» Alibour, & fort en colère fut chez la
» belle malade, non cependant ſi fâché
» qu'il paroiſſoit, puiſqu'il n'y eut au-
» cune méſintelligence entre lui & ſa
» maîtreſſe ». Et ce qui prouve que cette hiſtoire eſt un de ces contes que la malignité invente, c'eſt que quoique la belle fût accouchée ſept mois après comme d'Alibour l'avoit prédit; loin de déſavouer l'enfant, il le reconnut hautement, & voulut qu'on lui donnât le

nom de *Céſar*. Gabrielle fit ſes couches fort heureuſement à Couſſi, pendant que le Roi faiſoit le ſiège de Laon. Mais Sanci éprouva à ſes dépens ce que peut la haine d'une maîtreſſe du Roi. Ayant 1594.
appris qu'outre ce conte, il ajoutoit la circonſtance d'un certain bouffon nommé la Regnaudière, qui s'étant voulu ingérer de donner quelques éclairciſſemens qui ne plurent pas au Roi, fut chaſſé de la Cour; elle fit ſupprimer la charge de Surintendant des Finances que le Roi lui deſtinoit; mais cela n'empêcha pas Sanci de gloſer ſur la naiſſance du fils & ſur la vie de la mère, qu'il accuſa d'avoir fait empoiſonner d'Alibour, pour avoir parlé ſi imprudemment. Mais Sulli dit qu'il auroit trouvé la mort du bon homme fort naturelle, ſi elle ne fût arrivée avec l'accompliſſement de ſa prédiction. M. de l'Ecluſe dit que ſi Sauval & pluſieurs autres ont été de ce ſentiment, que cela a été ſans

preuves, parce qu'ils n'ont écrit que ſur la foi des bruits publics & des libelles ſatyriques. Gabrielle avoit encore un autre intérêt, que Sanci ne fût point Surintendant; elle avoit dit l'Etoile beaucoup pleuré la mort d'O ſon prédéceſſeur, parce qu'elle en faiſoit ce qu'elle vouloit, & l'entretenoit aux bonnes graces du Roi, au lieu qu'il n'en auroit pas été de même de Sanci.

1595. Paris étant rentré dans ſon devoir, le Roi y vint demeurer. Sa maîtreſſe fit la même choſe, elle n'y fut pas long-tems ſans avoir un nouveau ſujet de chagrin. Henri IV. au retour de la campagne de cette année, fut deſcendre chez elle, c'eſt-à-dire, à l'Hôtel de Schomberg où elle logeoit. Dès qu'on l'y ſçut, chacun s'empreſſa de lui aller rendre ſes reſpects. Parmi la foule il ſe gliſſa un aſſaſſin, qui entra juſques dans la chambre de la Marquiſe; car le Roi lui ayant donné depuis peu le Marquiſat de Mon-

ceaux, elle en avoit pris le nom; à la faveur du grand nombre de personnes qui étoient dans la chambre, il s'approcha jusqu'auprès de S. M. Dans le moment qu'elle se baissa pour embrasser Montigny qui venoit le saluer, il lui porta un coup de couteau, qui heureusement ne le frappa qu'à la bouche: comme il fut assez violent pour faire répandre beaucoup de sang, on craignit que le coup n'eût porté à la gorge. Ce spectacle effraya tous les assistans, mais particulierement la Marquise, qui prévit le danger où un accident pareil, & arrivé chez elle, alloit l'exposer s'il avoit de fâcheuses suites. Quoiqu'elle fût la plus intéressée à la conservation de la santé du Prince, elle sçavoit ce que peut la malignité du Public & même des Courtisans, dès qu'on a perdu son protecteur. Le Roi ayant vu sa frayeur, ne 1595.
la laissa pas long-tems dans l'inquiétude, il fut lui montrer que heureusement il

n'avoit que la lèvre supérieure fendue, parce que le coup avoit été arrêté par une dent qui en avoit été cassée; loin que le Roi la soupçonnât d'y avoir coopéré, il ne voulut pas même qu'on l'en soupçonnât dans le public, ni qu'on ignorât l'amour qu'il avoit pour elle. Son plus grand plaisir étoit de traverser Paris l'ayant à son côté, de la mener à la chasse, & de la caresser devant tout le monde. Rarement il faisoit un pas sans elle, & si cela arrivoit, il lui écrivoit aussitôt en des termes qui montroient quel attachement il avoit pour elle. Il étoit si connu, que quiconque vouloit obtenir une grace du Roi, s'adressoit avant à la Marquise, assuré qu'il ne pouvoit lui rien refuser. Sanci convaincu du pouvoir qu'elle avoit, quoiqu'il sçût qu'il n'étoit pas bien avec elle, tâcha de la mettre de son parti, & crut qu'il remontreroit en vain à S. M. l'avantage qu'il y avoit pour elle d'entreprendre la conquête de la Franche-Comté, si la Marquise ne la proposoit. Pour l'y engager, il lui fit adroitement représenter que le Roi pouvoit sans peine assurer un riche appanage à son fils, qu'il ne falloit que chasser les Espagnols de la Franche-Comté, & lui en donner la jouissance, sous la souveraineté des Suisses. La Marquise n'osa cependant proposer cette entreprise, parce qu'elle la regardoit comme chimérique; mais pour fortifier le parti, elle se déclara en faveur de ceux qui la proposoient. Il n'en fallut pas davantage pour rendre le parti dominant, & pour le faire agréer à la plûpart des Courtisans, qui pour se déterminer d'ordinaire attendent que ceux qui font, comme on dit, la pluye & le beau tems, se déclarent. Outre Sanci, qui étoit pour le voyage de Bourgogne, le Connétable de Montmorenci & le Maréchal de Biron étoient de même avis. Cependant quelques-uns prétendent qu'on ne pouvoit donner un plus mauvais conſeil au Roi, & qu'il eût dû aller en Picardie. Cependant au danger près que le Roi courut au combat de Fontaine-Françoiſe, il retira tout l'avantage qu'il pouvoit de ſon voyage, puiſqu'il réduiſit le Duc de Mayenne à demander la paix, choſe que la Marquiſe ſouhaitoit fort, auſſi bien que l'abſolution que S. M. demandoit au Pape, afin que dégagé de ſes embarras, il pût mettre ſur le tapis ſon divorce avec la Reine Marguerite de Valois. Comme il y avoit encore bien du chemin à faire, ſon ambition ne lui faiſoit pas oublier le ſolide. Sa fortune dépendoit de la vie du Roi; ſe rappellant qu'il étoit mortel comme les autres, elle le preſſa d'aſſurer celle de ſon fils, d'autant que la maladie qu'il eut à Traverſi pendant le ſiège de la Fère, lui fit ſonger que le ſort de ſon fils n'eût pas été des plus heureux s'il fût venu à mourir. Il le pourvut du gouvernement de la Fère, après que la Place fut prise. Comme la guerre devoit encore le retenir en Picardie, S. M. donna ordre à Rosni de lui amener sa maîtresse, qui étoit restée à Paris, Rosni éprouva qu'il y a souvent moins de danger à conduire une armée.

En allant de Paris à Clermont, il arriva un accident qui pensa coûter la vie à la Marquise. Elle coucha à Maubuisson, où Angélique d'Estrées sa sœur étoit Abbesse. Le lendemain elle monta dans sa litière, suivie d'un carrosse de campagne, où étoient ses femmes, & de quelques mulets qui portoient le bagage. Lorsque l'équipage fut à une grande lieue de Clermont dans un chemin fort étroit, & qui est bordé par un vallon qui aboutit en précipices, le Cocher descendit de son siège, sans doute pour quelques besoins. Un des mulets en avançant vers le carrosse arrêté, fit un hennissement & tant de bruit avec ſes ſonnettes, que les chevaux du carroſſe qui étoient fort vifs, prirent le mord aux dents avec tant de rapidité, qu'ils culbutèrent deux mulets qu'ils rencontrèrent. Les femmes qui étoient dans cette lourde machine ſe voïant entre deux précipices, faiſoient des cris qui, joints à ceux du Cocher & des Muletiers, ne faiſoient qu'épouventer davantage les chevaux. La Ducheſſe effrayée du bruit qu'elle entendoit s'approcher d'elle, mit la tête à la portière. Sa frayeur augmenta bien davantage, lorſqu'elle vit que ſa litière alloit être renverſée par ce carroſſe. Le Baron de Roſni qui marchoit à cheval devant elle, ne fut guères moins effrayé, lorſqu'en ſe retournant il vit la Ducheſſe, & tout ſon monde prêts à être écraſés. Si elle eût péri, il eût eu tout à craindre de la colère du Roi; cependant il n'y pouvoit remédier, parce que le carroſſe eût renverſé la litière avant qu'il fût arrivé à elle, ſans un de ces coups heureux qui, comme il dit, tiennent du miracle. Le violent mouvement que les chevaux donnoient à la voiture, fit rompre à vingt pas de la litière les chevilles, & sortir les petites roues de l'essieu. Le carrosse donna en terre, sa pesanteur fut le salut de l'équipage, parce qu'en même tems un des chevaux de derrière fut renversé de la secousse & retint l'autre. Les chevaux de volée rompirent leurs traits, & passèrent à côté de la litière avec tant de rapidité, que pour s'ouvrir le chemin, ils lui firent raser le bord du précipice. Pour lors les Cavaliers les arrêtèrent & tâchèrent de rassurer toutes ces femmes à demi-mortes, d'une frayeur qui n'étoit pas panique; car rien n'est si naturel que de trembler quand on voit la mort venir à soi. Elles ne se remirent, que parce qu'une plus forte passion vint s'emparer de leur esprit. Il n'y en eut aucune qui ne voulût s'aller jetter sur le

Cocher pour l'étrangler, & peut-être l'eussent-elle fait, si le Baron de Rosni, pour les appaiser, ne lui eût fait présent d'une volée de coups de canne. Le Roi, qui étoit à Amiens, s'étoit avancé jusqu'à Clermont pour y recevoir sa chère maîtresse, qui y arriva sans aucun danger. Il ne fut pas difficile de comprendre combien elle lui étoit chère ; car (on peut bien s'imaginer que cette aventure fut la première nouvelle :) pendant le récit du danger dont il est ordinaire de rire lorsqu'il est passé, S. M. fit voir des symptomes de crainte qu'il n'avoit jamais laissé appercevoir, lorsqu'il étoit lui-même dans des dangers plus évidens. Aussi l'aimoit-il plus qu'il ne s'aimoit. Jamais elle n'eut sujet d'en douter, & la suite le fit encore mieux voir. Ce fut pendant le séjour qu'elle fit à Amiens qu'elle quitta le nom de Liancourt, pour prendre celui de Marquise de Monceaux, & au sortir d'Amiens le Roi

Roi fut avec elle dans ſon nouveau domaine. Je ne dois pas oublier que pendant le ſéjour qu'elle fit à Amiens, elle fut la première à dire à Sa Majeſté, que ſes finances ſeroient toujours en mauvais état juſqu'à ce qu'il eût rencontré un homme qui, par le pur motif de l'intérêt public, ne craignît point de s'attirer la haine des Financiers, & qu'elle ne trouveroit cet homme que dans Roſni. Ce conſeil n'eſt point celui d'une maîtreſſe; elle connoiſſoit celui qu'elle nommoit pour être peu courtiſan, & elle devoit s'attendre que Roſni ayant le maniment des finances, ne la ſerviroit pas auſſi bien que d'O : car outre qu'il prêchoit l'épargne, elle ſçavoit qu'il n'avoit pour elle que ce qu'on appelle dans le monde de la froideur, & à la Cour une amitié politique.

L'amour retint le Roi fort long-tems à Monceaux; ce fut-là où le Duc de Mayenne vint le ſaluer pour la première fois. Il ne quitta sa Maîtresse que pour aller à Rouen à une assemblée qu'il avoit convoqué.

1597. Dès qu'il eut donné le tems qu'il devoit à son Etat, il revint faire goûter à sa Cour des divertissemens, où pour lors on se livroit sans mélange d'amertume. Mais comme rien n'est stable ici-bas, au sortir d'une fête que le Connétable avoit donné, il apprit une nouvelle qui lui fut bien sensible ; ce fut la surprise d'Amiens par les Espagnols. La sympathie qui étoit entre cés cœurs de nos amans, ne permettoit pas que l'un fût content, pendant que l'autre étoit affligé. Le Roi revint bientôt de cette nouvelle, il dit à la Marquise qui pleuroit à ses genoux : « Ma Maî-» tresse, c'est assez faire le Roi de France, » il est tems de faire le Roi de Navarre, » il faut quitter nos armes, & monter à » cheval pour faire une autre guerre. » L'effet suivit de près ses paroles ; mais comme il aimoit trop pour être long-tems absent de sa Maîtresse, il voulut qu'il la suivît. Il la logea à Pecquigni, ce qui fit murmurer Biron & d'autres Officiers généraux, qui peut-être craignoient que Vénus ne fît quelqu'insultes à Mars; ou plutôt je pense qu'ils n'aimoient pas voir de si près celle qui avoit tant d'empire sur l'esprit du Roi, & qui étoit dans l'occasion d'en faire usage; car rien n'est si ami des favoris que Mars. Gabrielle l'éprouva, car le brave d'Epinai de Saint-Luc, qui étoit Grand-Maître d'Artillerie, ayant été tué, la Marquise, pour le faire remplacer par son père, mit tout en jeu. Le Roi le trouvoit trop vieux, la Marquise qui s'imaginoit qu'on ne pouvoit rien refuser quand on aimoit, pleura beaucoup, croyant qu'on ne l'aimoit point, menaça de se retirer dans un Couvent, si le Roi ne lui prouvoit le contraire. Sa menace fit effet, on la satisfit. Au reste, si l'on en croit Brantome, la Marquise pouvoit demander cette grace avec autant de justice que les autres aspirans. « Antoine d'Estrées, dit-il, succeda à Saint-Luc » comme le méritant bien, pour l'a- » voir bien appris de son père; ainsi, » quoiqu'il tarde, le droit & la vérité » rencontrent leur tour; car on lui avoit » fait tort qu'il n'eût cette charge qu'a- » près la mort de son père: enfin la vé- » rité & le droit ont vaincu-là pour lui. » Ces paroles sont positives, & ne sont point ici déplacées, parce que mille gens sont assez injustes pour croire & souvent publier que ceux qui approchent le plus près de la personne des Princes, ne doivent ce qu'ils obtiennent qu'à la faveur, comme si le mérite n'y pouvoit avoir part. Aussi je crois que le Roi se fit plus de violence, lorsqu'il lui accorda la grace du Duc de Mercœur, le plus opiniâtre ligueur.

Après la prise d'Amiens, le Roi, ayant
1598. passé huit jours à Monceaux, revint

à Paris pour faire de nouveaux prépa-ratifs, pour passer au printems en Bretagne. Dès que le Duc de Mercœur vit le Roi à Angers, il se regarda comme perdu, la Duchesse sa femme courut au solide. Elle demanda à la Marquise de Monceaux qu'elle lui obtînt un passe-port pour venir trouver le Roi à Angers. Dès qu'elle l'eut obtenu, elle commença par s'adresser à sa protectrice; & pour la mettre dans ses intérêts, elle lui fit entendre qu'elle étoit la maîtresse de marier sa fille unique avec César son fils. Il n'y a personne qui n'eût blâmé la Marquise, si elle s'y fût opposée; aussi en femme qui connoît ses intérêts, elle se trouva si flattée de cette alliance, qu'elle regarda l'affaire du Duc de Mercœur comme la sienne propre. Elle mit si bien en usage, ainsi que la Duchesse de Mercœur, tout ce qu'il faut pour désarmer un Prince bon & connu par sa complaisance pour le beau sexe, qu'il oublia qu'il n'étoit venu que pour châtier le Duc de Mercœur. De plus il consentit à faire son gendre de la fille de son ennemi. Comme dans les actions les plus indifférentes il est impossible de plaire à tout le monde, plusieurs murmurèrent de la clémence du Roi, & dirent qu'il lui auroit été plus glorieux de prendre son ennemi pieds & mains liés. Mais comme le Roi ne se fit jamais grandes violences en pardonnant généreusement à ses ennemis, il les fit taire, en faisant, avant que de partir d'Angers, les fiançailles, qui furent célebrées avec la même magnificence que si c'eût été un fils de France légitime. Il n'avoit que quatre ans & la fille six. Le Duc de Mercœur se défit de son gouvernement de Bretagne en faveur de son gendre.

Le Roi fit un voyage à Nantes, où les Dames s'empressèrent à l'envi de le régaler par de nouvelles fêtes. Il eut la complaisance de s'y trouver. Elles ne lui firent point pour cela cesser ses assiduités auprès de ſa maîtreſſe, qui étant fort avancée dans ſa groſſeſſe, ne pouvoit pas être de toutes ces parties. D'ailleurs elle étoit aſſez occupée du projet que méditoit le Roi, pour en faire ſon ſeul plaiſir. Il ne pouvoit plus même le cacher. C'étoit comme un poids ſur ſon eſtomac, dont il cherchoit à ſe décharger. Tantôt il le cachoit ſous une énigme, que ceux qui connoiſſoient ſa paſſion devinoient aiſément. Il repréſentoit continuellement à ſes confidens combien il ſouhaitoit laiſſer un héritier, pour ne pas renouveller les troubles de l'Etat. Tantôt il leur demandoit qui étoit celle qui lui conviendroit. Un jour ayant confié à Roſni qu'il ne ſe réſoudroit jamais à s'engager, ſans être aſſuré que celle qu'il épouſeroit lui donneroit des enfans mâles, qu'il s'accommoderoit de ſon humeur & de ſon eſprit; il lui demanda enſuite s'il en connoiſſoit quelqu'une qui eût ces qualités; le Roi voyant qu'il ne lui nommoit personne, lui dit : Mais ne confessez-vous pas que ces trois conditions se trouvent dans ma Maîtresse ? Voyant à sa mine qu'il n'applaudissoit point à ses paroles, il lui dit, contre sa pensée : Ce n'est pas que j'aye songé à l'épouser, mais la fantaisie peut m'en prendre. De Rosni lui dit que les bouillons de l'amour pourroient s'éteindre ; mais de plus qu'il exposoit l'Etat à tous les malheurs qu'il vouloit éviter, parce que la légitimation des enfans qu'il avoit, seroit infailliblement contestée par ceux qu'il auroit dans la suite d'elle, lorsqu'il l'auroit épousée. Malgré ces raisons l'amour l'eût emporté, & Henri eût tâché de prévenir les malheurs d'une succession incertaine. En effet, il me semble qu'il suffisoit de ne point légitimer ceux qu'il auroit eu d'elle avant son mariage, parce que leur bâtardise étoit incontestable. Henri IV avoit bien plus à craindre du présent, il ne sçavoit comme les Grands prendroient ce mariage ; mais malgré cela la voix de la raison & de la bienséance n'eût pas été la plus forte auprès du Roi, qui, par tout ce qu'il fit dans la suite, tâcha d'y préparer les François : & malgré le sentiment de quelques-uns, qui veulent se faire gloire d'un certain empire qu'ils n'avoient sûrement point en cette occasion sur l'esprit du Roi, il est incontestable que si la mort ne lui eût enlevé cette Maîtresse si tendrement aimée, ou qu'il l'eût épousée, ou qu'il ne se seroit point remarié du tout. Il y avoit encore un obstacle, qui par la suite ne fut rien ; mais qui n'eût pas été tel, c'étoit de faire rompre son mariage avec la Reine Marguerite. Selon les loix divines & civiles, il étoit nul, parce qu'il étoit public, qu'ils n'y avoient jamais donné leur consentement : mais ayant passé vingt-deux ans ensemble sans songer à se faire séparer par la Justice, car ils le furent toute leur vie l'un de l'autre ; cela pouvoit passer pour un conſentement volontaire. Du moins il falloit que l'un & l'autre conſentiſſent à ce divorce. Mais la Reine ayant appris que le Roi vouloit lui ſubſtituer ſa Maîtreſſe, refuſoit d'y conſentir. Cela n'eût fait, je penſe, que le différer; car le Roi ne fit jamais grande attention à cet obſtacle, qui, ſelon les apparences, eût été le plus grand, parce que pluſieurs Seigneurs euſſent fortifié le parti de la Reine, n'eût-ce été que pour ſe faire rechercher. Le Roi, pour y préparer ſon Conſeil, quelques mois après ſon retour de Bretagne, étant à Saint-Germain, fit appeller de Villeroi, de Sillery & de Roſni, pour prendre leur avis ſur ce mariage. C'eſt par leur réponſe qu'on a deviné les trois Miniſtres dont il eſt parlé. De Roſni lui fit envisager que ſa réputation en ſouffriroit, & qu'on n'excuſeroit point ſa foibleſſe. Villeroi lui conſeilla de ne point ſonger ni à ce mariage, ni à un autre, & de laiſſer ſa Couronne au Prince de Condé, dont le droit étoit incontestable. De Sillery, qui d'ailleurs étoit dans les intérêts de la Marquise, franchit le pas, & dit qu'il ne pouvoit faire un meilleur choix que d'épouser sa Maîtresse; qu'il étoit déjà assuré d'un héritier; qu'il suffisoit pour cela de le légitimer. Henri voyant la contrariété de leurs sentimens, leur répondit qu'ils ne faisoient qu'augmenter son irrésolution, parce qu'il trouvoit qu'un chacun d'eux avoit raison. A cela donc, poursuivit-il, j'ai besoin d'un peu de tems pour y songer, & pour prendre le parti le meilleur. Il est facile de conclure qu'un Roi qui fait de telles démarches, l'a déjà pris.

La Marquise voyant la paix conclue avec l'Espagne, & que cette Monarchie l'avoit accordée à des conditions trop avantageuses pour la rompre, la regarda comme un grand acheminement à sa fortune, parce que le Roi en paix avec les ennemis du dehors & du dedans, n'avoit plus qu'à l'affermir. Ce qui l'avança beaucoup, fut la naiſſance d'un ſecond fils, qui lui attira de la part du Roi un redoublement de tendreſſe & de bienfaits. Ce qui ſe manifeſta par le titre de Ducheſſe de Beaufort qu'il lui donna, & par les cérémonies qui ſe pratiquèrent au baptême de ce ſecond fils, que le Roi n'aimoit guères moins que la mère. S. M., ainſi que la Ducheſſe, pour préparer les François au changement d'Etat, voulut qu'il fût baptiſé à Saint-Germain-en-Laye avec la plus grande magnificence, & tous les honneurs qui ſont particuliers aux enfans de France. Madame Catherine, ſœur du Roi, & M. le Comte de Soiſſons lui donnèrent le nom d'*Alexandre*. Quelques-uns murmurèrent un peu, le Roi répondit qu'on avoit paſſé ſes ordres, mais perſonne ne le crut. La complaiſance & la joye qu'il avoit laiſſé appercevoir en les donnant, avoient fait connoître combien la choſe avoit été de ſon goût. Les Courtiſans même crurent qu'ils pouvoient, ſans craindre de lui déplaire, lui donner le nom de *Monsieur*, qui ne se donne qu'au frère du Roi. Il n'y en avoit aucun qui ne pensât qu'il étoit déterminé à reconnoître ses enfans pour légitimes. Chiverny, du Fresne, Madame de Sourdis, qui lui étoit redevable d'un chapeau de Cardinal qu'elle avoit fait avoir à son fils, & tous ceux qui lui étoient particulièrement attachés, répandoient publiquement que le Roi ne sollicitoit son divorce à Rome que pour épouser sa maîtresse. Au nom près de Reine, elle en avoit tous les airs & les privilèges; car les Courtisans n'eussent pû avoir pour elle & ses enfans plus de respect, si elle en avoit eu le titre. On étoit même assuré que les hommages qu'on lui rendoit, retomboient sur le Roi, qui, quoiqu'on lui remontrât qu'on lui donnoit trop tôt le nom de Reine, ne parut jamais en sçavoir mauvais gré à ceux qui avoient cette heureuse témérité. Il paroissoit en public ſe fâcher; mais on le voyoit auſſitôt prendre le parti de ſa Maîtreſſe, en diſant qu'elle n'y contribuoit en rien; & comment eſt-ce qu'elle pourroit fermer la bouche à ceux qui parloient, puiſque tout Roi qu'il étoit, ſon pouvoir ne s'étendoit pas juſques-là? Elle reçut dans le même tems une nouvelle qui eût dû un peu l'allarmer, ſi ſes confidens n'euſſent été perſuadé que la démarche qu'ils entreprenoient de faire faire au Roi, n'étoit pas ſans difficulté. Ce fut que la Reine Marguerite écrivit qu'elle ne donneroit jamais ſon conſentement à ſa ſéparation d'avec le Roi, ſans qu'il lui promît de donner l'excluſion à ſa Maîtreſſe. En effet, il ne falloit pas avoir l'eſprit de Madame Sourdis, pour ne point s'allarmer de cette condition, qui faiſoit penſer à Roſni que la Ducheſſe alloit ſurement changer de deſſein. Il ſuffiſoit de promettre, & s'il n'y eût plus eu que cet obſtacle, la Ducheſſe n'eût pas cru faire un grand ſacrifice que d'en donner quelques marques extérieures jusqu'à la concluſion de l'affaire, puiſque ce manque de parole auquel tout le monde ſe ſeroit bien attendu, n'eût pas pû annuller la ſéparation. D'ailleurs il y a lieu de préſumer que la Reine n'eût pas inſiſté long-tems ſur une condition qu'on ſuggeroit, & dont la honte réjailliſſoit ſur elle, puiſqu'elle étoit plus décriée encore par ſes déſordres que la Ducheſſe, pour qui l'on peut avoir quelqu'indulgence, ſi les femmes qui s'oublient en méritent. Le conſeil de la Ducheſſe arrêta qu'il falloit en preſſer plus vivement la concluſion; & que pourvu que le Prince ne lui manquât point, qu'elle devoit s'attendre que la première loi du courtiſan eſt de vouloir tout ce que veut le Souverain, & qu'il n'y a point de François qui n'ait un grand deſir de lui plaire. Pour franchir ce premier pas qui, une fois fait, la conduiſoit au Thrône, elle réſolut de confier cette affaire à un homme qui fût dans ſes intérêts : le Duc de Luxembourg qui étoit nommé pour aller à Rome preſſer la concluſion de cette affaire, ne lui parut point ſon fait. Elle le laiſſa néanmoins partir pour ne le point irriter, mais elle lui fit auſſitôt ſubſtituer Chiverni, qu'elle acheva de mettre dans ſa confiance par cette dernière marque. Pour prix de ſon ſuccès, elle l'aſſura des Sceaux & de la dignité de Chancelier, ſitôt qu'elle vaqueroit ; mais comme elle ſçavoit qu'il alloit dans une Cour où l'on en impoſe que par le faſte & l'éclat, elle prit le ſoin de ſes équipages ; & comme le Roi le déſiroit pour le moins autant qu'elle, il lui expédia tous les ordres néceſſaires, pour y paroître avec la grandeur propre à aſſurer le ſuccès de ſa négociation.

De Roſni, qui lui étoit fort oppoſé dans ce tems, ſe brouilla avec elle, parce qu'il effaça d'un Mémoire le nom de fils de France, qui étoit donné à son dernier fils, & pour d'autres sujets. Le Roi lui conseilla d'aller la voir, il y fut sur le champ; elle logeoit dans le cloître de Saint-Germain, chez Madame Sourdis sa tante. La Duchesse voyant qu'il entroit dans un éclaircissement dont elle prévoyoit la fin, lui dit en femme piquée qu'il séduisoit le Roi, & lui faisoit croire que le blanc étoit noir. Rosni mit fin à la conversation, en lui disant, Madame, je vous baise les mains, & en se retirant. Il vint faire son rapport au Roi, qui de fort mauvaise humeur contre sa Maîtresse, monta aussitôt dans le carrosse de Rosni, trouvant que le sien tardoit trop à venir, & lui dit: vous allez voir que par complaisance pour une femme, que je ne mécontente point des serviteurs qui ne cherchent que ma gloire. Le Roi entra chez la Duchesse sans l'embrasser, & lui faire les caresses ordinaires. Il s'enferma avec elle & Rosni dans son cabinet, & lui fit plusieurs reproches qu'il faut croire sur la bonne foi de Rosni *; au lieu qu'il le combla de louanges, & lui demanda en grace

* *De Rosni, je crois bien, n'a point voulu en imposer en rapportant une scène aussi secrete, puisque le Roi visita l'alcove, la garde-robe, pour s'assurer que personne ne les entendroit. Mais comme de Rosni a confié ses Mémoires à des Secrétaires, qui ont mis autant du leur que du sien. Je n'ajoute pourtant point foi à tout ce qu'il dit, d'autant qu'il y est fait mention de faits publics, & cependant si universellement contredits, qu'on ne sçait que penser du reste. Je me borne à un que j'ai plus détaillé à l'article de Henri IV, année 1600.* Au retour de Lyon, je précédai la Reine à Paris de huict jours pour y faire ordonner la cérémonie de son entrée, qui fut des plus magnifiques, le lendemain elle vint dîner chez moi..... *Tous nos Historiens sont d'accord qu'elle ne se fit point pour lors, & le tems n'en est que trop marqué par le meurtre de Ravaillac; je pourrois dire ici qu'il n'a rendu justice à personne, si je traitois un autre sujet. Quoique condamnable, il y a dans ce fait une contradiction que je dois rapporter.* Le Roi, dit-il, étoit dans ses appartemens de Saint-Germain, lorsque je lui parlois de l'ordonnance où Alexandre étoit appellé Monsieur..... Le Roi lui dit que prévoyant que la Duchesse seroit en colère, il lui conseilloit de l'aller

qu'elle se conduisît par ses avis, & qu'elle surmontât l'aversion qu'elle avoit pour lui. Madame de Beaufort pleura, se plaignit de la foiblesse qu'elle avoit pour un Prince qui la sacrifioit à un de ses valets, ensuite elle tomba sur un lit, où elle protesta qu'elle vouloit attendre la mort après un aussi sanglant affront. Le cœur du Roi chancela, mais

trouver..... La Duchesse avoit son appartement dans le cloître de S. Germain, je m'y en allai de ce pas.... *Après la visite il fut faire aussitôt son rapport au Roi, qui monta dans le carrosse de Rosni sur le champ, le sien tardant trop à venir à son gré. Il est inutile de faire remarquer ou que le Roi n'étoit point à Saint-Germain, ou que la Duchesse n'étoit pas à Paris. Ce manque d'unité de lieu, fait croire que celui qui a écrit cette scène n'étoit pas acteur. J'ai peine d'ailleurs à passer cet empressement du Roi, pour aller raccommoder sa Maîtresse avec Rosni, & cela pour un sujet aussi mince que d'avoir effacé le nom de fils de France. Un Roi monter dans le premier carrosse, aller sans suite, lui qui ne se cachoit jamais pour aller chez elle, de plus accabler de reproches durs une femme dont il étoit fol, sans qu'on en voye un sujet suffisant; car il n'en rapporte aucun, sinon qu'à la fin de la scène elle dit au Roi qu'il la sacrifioit à un de ses valets.*

il ſe remit, & lui dit que pour un ſi léger ſujet, il ne falloit pas recourir à tant d'artifices; ce reproche la piqua, elle redoubla ſes pleurs, & s'écria qu'elle étoit abandonnée. Le Roi pourſuivit ſa plainte, & lui dit les choſes les plus dures. Je vous déclare, lui dit-il, que ſi j'étois
1598. réduit à la néceſſité de choiſir de perdre l'un ou l'autre, je me paſſerois mieux de dix maîtreſſes comme vous, que d'un ſerviteur comme lui. Il ne laiſſa pas paſſer le terme de valet, après cela il alloit brusquement ſortir de ſa chambre, lorſque la Ducheſſe craignant que le Roi n'y rentrât plus, courut l'arrêter, ſe jetta à ſes pieds. Elle eut bientôt ſon pardon, on oublia cette comédie, & ils ſe ſéparèrent tous trois bons amis. En ſorte que quoique la Cour ſoit un pays où de pareilles ſcènes ne peuvent long-tems demeurer ſecrettes, elle eût cependant reſtée dans l'oubli, ſi de Roſni ne l'eût décrite, ou ſes Scribes.

La Ducheſſe eut quelque tems après une peur plus réelle ; car comme la paſſion du Roi pour elle prenoit chaque jour de nouvelles forces, la ſienne n'augmentoit pas moins. Sur la fin d'Octobre étant à Monceaux, le Roi en riant avec elle & Bellegarde de vers ſatyriques, eut un ſi prompt dévoyement, qu'il fut ſept heures en grands dangers. Comme les Rois, à ce qu'on croit, ne peuvent avoir de maladies naturelles, on le crut empoiſonné, d'autant qu'il vouloit toujours boire. Son bon tempérament prit enfin le deſſus, & l'on reconnut que ſon mal étoit une carnoſité. Dès que le danger fut paſſé, la Ducheſſe tâcha d'en tirer profit. Elle fit entendre à ce Prince par la Rivière ſon premier Médecin, qu'elle avoit mis dans ſes intérêts, qu'il pourroit bien dans la ſuite n'avoir plus d'enfans. Elle ne réfléchiſſoit pas qu'un pareil avis pouvoit lui nuire, puiſque quelque tems après on reconnut qu'elle

étoit encore grosse, & qu'en ce cas le moindre soupçon pouvoit causer sa perte pour le peu de dégoût qui survint; car l'amour souvent s'envole aussi promptement qu'il est venu. Sa grossesse fut en partie cause de sa mort. Ce qui y contribua le plus, fut la foiblesse qu'elle avoit pour ce qui regarde l'Astrologie
1599. judiciaire. Ce foible étoit si commun de son tems, que ne pas croire aux Sorciers & Devins, c'étoit n'avoir point de foi. Quelques gens qui nourrissoient des gens affidés, entretenoient cette erreur grossière qu'ils ont voulu nous transmettre, en rapportant que le Diable & des Sorciers avoient causé la mort de la Connétable de Montmorenci; & si l'on n'a pas tout-à-fait dit la même chose de la Duchesse de Beaufort, c'est qu'ils ont cru qu'il convenoit mieux à son état qu'elle mourut empoisonnée, l'on en jugera par la suite.

La Duchesse, depuis que le Roi surtout lui promettoit de l'épouſer, conſultoit tous ceux qui paſſoient pour Devins ou Sorciers. Comme ces Meſſieurs ſont rarement d'accord, ils ne firent qu'embrouiller ſon eſprit. L'un lui diſoit qu'elle mourroit jeune, l'autre qu'elle ne ſeroit mariée qu'une fois, qu'elle ſeroit trahie par celui qu'elle aimoit le plus, ou qu'elle ſe donnât de garde d'un enfant. Ces choſes déſagréables lui firent tant d'impreſſion, qu'au rapport de l'une de ſes femmes, elle renvoyoit tout ſon monde pour paſſer ſeule les nuits à pleurer ſur ces chimériques prédictions. On la voyoit dépérir inſenſiblement; comme elle étoit avancée dans ſa groſſeſſe, on n'y faiſoit point d'attention. Quoique fort malade, elle voulut être du voyage que le Roi fit à Fontainebleau ſur la fin du Carême. Le Roi réſolu d'y paſſer les fêtes, elle revint à Paris au commencement de la Semaine Sainte, pour y faire paſſer le contrat de l'acquisition de Château-Neuf, ou par manière de bienséance, à cause des fêtes de Pâques. Le Roi toujours rempli de sa passion, se fit une grande violence pour la laisser partir; la Duchesse, qui s'étoit mis en tête qu'elle ne le reverroit plus, souffrit encore davantage. Le Roi la rassura, en disant que ce ne seroit que pour peu de jours. Comme il n'arrive guères de malheurs sans des pressentimens, qu'on n'est pas maître de vaincre. Ces deux Amans s'accablèrent des plus tendres caresses. Ils se tenoient accolés, (on me passera la comparaison,) comme ces animaux qui, quoique farouches, viennent, lorsqu'ils pressentent un orage ou danger, se jetter entre les jambes ou se réfugier dans les maisons, d'où il est impossible de les chasser, quoiqu'en tout autre tems ils fuyent dès qu'ils appercoivent quelqu'un. Tout le discours de la Duchesse fut celui d'une femme qui fait un dernier adieu; ce l'étoit en effet.

Elle

Elle recommanda au Roi ses trois enfans, qui n'auroient que lui pour appui, sa maison de Monceaux, ses amis, ses domestiques. Le Roi, loin de la rassurer, s'attendrissoit lui-même, & ne pouvoit lui répondre, ils se dirent mille fois adieu, mais aussitôt un mouvement secret les rapprochoit. La Duchesse fut coucher à Melun, d'où le Roi la conduisit au bateau, dans lequel elle s'embarqua, & d'où le Maréchal d'Ornano fut, pour ainsi dire, obligé de tirer le Roi par force. Les dernières paroles du Roi furent de recommander cette maîtresse si cherie à la Varenne, avec ordre de ne la laisser manquer de rien. La Duchesse descendit heureusement à l'Arsenal, d'où elle fut chez Zamet, où le Roi avoit dit qu'elle descendît. Le Marquis de Rosni l'ayant sçu à Paris, fut prendre congé d'elle, allant de son côté en campagne. Ce fut dans ce tems que Madame de Rosni lui ayant été rendre les mêmes devoirs, la Duchesse de Beaufort, pour lui prouver qu'elle la regardoit pour amie, lui dit qu'elle pouvoit venir quand elle voudroit à son lever & son coucher : ce qui piqua fort Madame de Rosni. A cette occasion Amelot lui fait dire à son mari ce que je n'ai point trouvé dans les Mémoires de Sulli, me croit-t-elle si bête que je puisse tenir à honneur la liberté qu'elle me donne, d'aller à son levée, qui est tout ce que je pourrois faire auprès d'une Reine de France très-vertueuse. Zamet étoit trop bon courtisan pour ne pas bien recevoir la Duchesse. D'ailleurs comme il étoit plaisant & enjoué, il la pouvoit guérir de sa mélancolie, qui ne la quittoit point. Le Jeudi saint Madame de Beaufort fut entendre les ténèbres au petit Saint-Antoine. Quelques éblouissemens qui la prirent, la firent revenir chez Zamet, où elle fut surprise d'une attaque d'apoplexie dans un jardin où elle prenoit l'air, ce qui manqua de l'étouffer. A force de remèdes la Duchesse revint un peu. Dès qu'elle put parler, elle commanda aussitôt qu'on la tirât d'un lieu où on l'avoit empoisonnée. Ce que d'Aubigné donne à entendre, en disant qu'après s'être rafraîchie, en mangeant d'un citron ou bien d'une salade, elle sentit aussitôt un tel feu au gosier, & des tranchées à l'estomac si furieuses, qu'elle fit des cris épouvantables. Je crois que cela seul suffit pour une femme grosse, & qu'il n'est pas besoin qu'un citron ou une salade soit empoisonnée pour causer des tranchées. Aucun Historien ne parle de poison, & le Grain attribue formellement la cause de sa mort au suc crud & froid du citron.

On la conduisit au cloître Saint-Germain chez sa tante, où les redoublemens & les convulsions lui prirent d'une manière si extraordinaire, que les Médecins désespérèrent d'elle, par la nature du mal, qui demandoit des remè-

des violens, & qu'on ne pouvoit lui donner à cause de sa grossesse : ainsi toute la Faculté Royale de Médecine attendant un miracle qui ne vint point, laissèrent mourir une mère & un enfant, qu'un simple Chirurgien de village eût peut-être sauvés, parce qu'il eût moins argu-
1599. menté. Elle mourut le Samedi saint au matin, ou, selon d'autres, pendant la nuit; mais ce fut dans des agitations si convulsives, & des efforts si terribles, qu'elles lui tournerent la bouche jusques sur le derrière du cou. Dès qu'elle fut expirée on ouvrit son corps, où l'on trouva son enfant mort.

On fit bien des histoires sur cette mort : on peut aisément les renouveller; car la Duchesse de Montmorenci, qui mourut quelque tems après, devint aussi hideuse qu'elle étoit belle.

A la première nouvelle de cet accident, on avoit dépêché un courier au Roi, qui sur le champ avoit monté à cheval. Mais la Varenne voyant la malade désespérée, en envoya un autre, pour qu'il ne vît pas une femme si tendrement aimée dans un état si pitoyable, que les plus insensibles en étoient saisis d'effroi. Il lui fit dire qu'elle étoit morte. Le courier trouva le Roi par delà la Saussaie, proche Villejuif. Le Maréchal d'Ornano lui annonça cette triste nouvelle; dès qu'il l'entendit, il s'évanouit entre les bras du Grand Ecuyer. On le conduisit dans l'Abbaye de Saussaie, où on le mit sur un lit. Il est inutile de décrire ici les lamentations que fit le Roi. Sans avoir même jamais aimé avec passion, il est facile de concevoir sa douleur, qui, je crois, est toujours plus grande dans les Grands, lorsqu'ils aiment sincerement; parce qu'ils connoissent dans de pareils momens que leur grandeur ne les peut garantir de la seule chose qu'ils craignent, la mort & la perte de leurs amis. Quelque chose qu'on pût dire au Roi, il vouloit pourſuivre ſon chemin, & ne pouvoit croire qu'elle fût morte; ou que ſi elle l'étoit, qu'il auroit, diſoit-il, encore de la conſolation en la voyant, quoique morte. Ceux qui n'aiment point, ne peuvent s'imaginer cela, & traiteront de folle une Reine qui ſe conſoloit, en faiſant porter dans ſes voyages le cercueil de ſon mari. Cet exemple n'eſt pas unique; mais la Ducheſſe étoit ſi défigurée, que je crois que ſi le Roi l'eût vûe, il eût tenu la parole qu'il lui avoit donnée, de n'aimer plus perſonne. Il eſt vrai que s'il aimât, ce ne fut jamais avec la même paſſion; & il répéta ſouvent dans ſa douleur, qui lui rendoit toute compagnie inſupportable; qu'elle étoit née pour lui; qu'il ne l'avoit jamais aimée par libertinage, mais par une véritable ſympathie. Il en donna bien des marques, même après ſa mort, car il porta le deuil pour elle en noir pendant huit jours, l'espace de trois mois en violet, & le fit porter à toute sa Cour. Ainsi l'on peut dire qu'on lui rendit les honneurs dus à une Reine.

Après sa mort, d'Aubigné, quoiqu'il fût un des Ecrivains le plus satyrique de son tems, dit : « C'est une merveille » comment cette femme, de laquelle » l'extrême beauté ne sentoit rien de lascif, a pû vivre plutôt en Reine qu'en » concubine tant d'années, & avec si peu » d'ennemis. » Les nécessités de l'Etat en furent cause. Elle usa toujours fort modestement du pouvoir qu'elle avoit sur l'esprit du Roi ; & sans entreprendre de la justifier, car je crois qu'on ne le peut faire que par un profond silence, je ne dois point lui ravir ses bonnes qualités, qui étoient en assez grand nombre, comme le dit de Rosni, quoique son ennemi secret, pour être digne de l'attachement du Roi. Il est comme certain qu'il n'étoit pas moins fondé sur les qualités du cœur & de l'esprit, que sur celles du corps. Elle n'avoit cependant un esprit qu'au dessus du médiocre, ce qui est suffisant pour rendre une femme aimable & sociable : sincère, mais trop naïve, obligeante & ennemie du mal : point fière comme le sont d'ordinaire celles qui tiennent sa place. P. Mathieu entr'autres bonnes qualités qu'il lui donne, dit qu'elle eut celle d'avoir donné souvent de très-bons conseils au Roi. Elle ne pouvoit souffrir aucune autre auprès d'elle, dit le Grain. Si elle épousa de Liancourt, ce ne fut que pour se délivrer de l'esclavage de son père, parce que le Roi lui promit d'empêcher la consommation du mariage, & de le faire casser, ce qui arriva. S'il s'est répandu dans le monde des bruits sur l'irrégularité de quelques démarches de jeunesse, ces traits satyriques sont un pur effet du déchaînement de ses ennemis ; c'est de Rosni qui parle ainsi. J'aime à citer un ennemi qui dit du bien, parce qu'il me paroît croyable. Au reste, il lui faut rendre justice, & dire que s'il ne l'aimoit pas, c'est qu'il pensoit qu'elle ne pouvoit faire sa fortune sans faire tort à la gloire de son Prince. Ce qui m'a prouvé que c'étoit cela seul qui l'a fait quelquefois emporter contre elle, c'est que dès qu'elle fut morte, il la vengea de ses ennemis. Je ne me repentis jamais, dit-il, d'avoir retenu six ans à la Bastille un mari & une femme, à qui elle avoit fait du bien, & qui continuoient à déchirer sa mémoire après sa mort. Si quelques Ecrivains ont dit du mal d'elle, je crois qu'ils ne l'ont fait que par la haine seule qu'on porte à celles qui tiennent cette place : car je vois tous les jours des gens qui, sans connoissance de cause, du fond d'une Province, se déchaînent contre qui ? contre un fantôme pour eux.

La Duchesse laissa trois enfans, César,

Duc de Vendôme, qui épousa la fille héritière du Duc de Mercœur, il mourut en 1665; Alexandre, dit le Chevalier de Vendôme, Grand-Prieur de France mort en 1629; Catherine-Henriette morte en 1663, épouse de Charles de Lorraine, Duc d'Elbeuf.

On lit au bas d'un de ces Portraits ces quatre vers.

Voici bien quelque trait d'un Ange incompa-
rable,
Mais le vrai ne s'en peut ici bas l'imiter,
Que le Ciel de son mieux la fait tant admirable,
Qu'il comprend tant le monde & ne peut s'imiter.

CATHERINE-HENRIETTE DE BALSAC D'ENTRAGUES

MARQUISE DE VERNEUIL.

CETTE femme si célèbre sous Henri IV, étoit fille de François de Balsac, Seigneur d'Entragues, de Marcoussi & de Malesherbes, & de Marie Touchet, maîtresse de Charles IX, que François avoit épousé en secondes noces. Elle étoit née en 1579, ce fut elle qui remplaça la belle d'Estrées. Le Roi Henri IV n'oublia jamais la première, quoique morte; pour celle-ci, il l'oublia de son vivant sans la pouvoir quitter. Il ne l'aimoit pas tant que la belle Gabrielle; mais il l'aima assez, pour qu'elle sçût en tirer profit. Elle n'étoit pas si belle que Gabrielle; mais comme elle étoit plus

(1) Balsac, est une petite Ville de Brioude en Auvergne, qui a donné le nom à la Maison de Balsac, déjà illustre sous Charles IV.

jeune, & qu'elle étoit fort enjouée, elle étoit ce qu'on appelle plus aimable. Elle n'eut pas moins captivé le cœur de Henri IV, si elle eût eu les bonnes qualités de la première, ou du moins si elle n'eût pas eu les défauts opposés. L'autre étoit ambitieuse, mais c'étoit parce que ses confidens lui persuadoient qu'elle devoit l'être, & que la tendresse qu'elle avoit pour le Roi, lui faisoit penser qu'il étoit de son devoir de se l'attacher par un lien indissoluble. Celle-ci au contraire avoit plus d'ambition que de tendresse : elle eût volontiers sacrifié la seconde à la première ; pour la satisfaire, elle étoit assez hardie pour tout entreprendre.

Le Roi étant, sur la fin de l'année 1599, à se divertir à Fontainebleau, entendit parler de Mademoiselle d'Entragues, comme d'une fille aussi belle que vive & spirituelle ; sur ce portrait, S. M. eut envie de la voir. Dès qu'on sçut le désir du Roi, la chose ne devint pas facile à cause des parens de la fille. La mere qui connoissoit le prix des faveurs d'un Roi, étoit d'humeur assez complaisante, & si l'on en croit Bassompiere, elle attira le Roi à Malesherbes où elle étoit. Mais le pere qui voyoit que le Roi n'en pouvoit faire qu'une maîtresse, n'étoit pas si traitable, ainsi que le Comte d'Auvergne, frere utérin de la fille, (1) ils l'emmenerent à Marcoussis. Le Comte de Lude fut l'entremetteur entr'elle & le Roi, & malgré les soins du pere le Roi l'y vit. La Demoiselle n'étoit point si agnès qu'elle le parut d'abord. Elle songea que le Roi étant sur le point d'être libre, (2) qu'il pouvoit faire quelque chose en sa faveur, s'il l'aimoit réellement. Elle tâcha d'irriter sa passion par

(1) Le Comte d'Auvergne, étoit fils de Charles IX, & de la mere de la Marquise.

(2) L'on travailloit à la dissolution de son mariage avec Marguerite de Valois.

1600. des refus : en effet, c'est le seul moyen. Un amant heureux l'oublie bien-tôt, au lieu que lorsqu'il est difficile de l'être, on est plus tenté de le devenir. Ainsi, la fierté & la pudeur furent employées si à propos, qu'elle voulut obliger son amant à convertir ce titre, en celui d'époux, & si elle eût été plus constante à ne se point relâcher; le Roi probablement en eût fait la folie : mais elle ne put tenir contre la parole que le Roi lui donna, & que cent mille écus seroient le prix de sa derniere complaisance. Elle-même en avoit fait la proposition ; mais contre son attente, voyant le Roi si facile, elle employa d'autres finesses. Elle exposa quelles pourroient-être les suites de sa foiblesse. Elle lui dit avec un ton & un air de modestie si propre à enflammer, qu'elle avoit tout à craindre du ressentiment de ses parens, si elle venoit à paroître ; enfin, voyant le moment favorable, elle déclara à S. M. qu'elle ne devoit rien attendre, si elle ne lui promettoit de l'épouser. Votre parole, lui dit-elle, me suffit ; mais comme pour excuser ma foiblesse auprès de mes parens, il me faut une preuve ; je la demande par écrit. Le Roi hésita, mais l'amour triompha bien-tôt ; quoiqu'il eut, s'il en faut croire la gazette médisante, qui rarement fut favorable à ces personnes, lieu de croire qu'elle n'étoit rien moins que vestale. Si cela est, il y fut donc trompé, car la jouissance ne fit qu'irriter sa passion. Il crut couvrir sa foiblesse, en mettant pour cause, pourvu qu'elle eût dans l'année un enfant mâle. Avant que de la lui remettre, il la montra à Rosni, à qui il demanda son sentiment. De Rosni le lui fit connoître, en déchirant l'écrit en sa présence. Le Roi aussi surpris qu'irrité de sa hardiesse, lui dit, *je crois que vous êtes fol* ; *plût-à-Dieu*, répondit-il, *que je le fusse tout seul en France*. Le

Roi ramassa les morceaux, se retira dans son cabinet, & après en avoir refait une autre, il sortit de Fontainebleau, & alla en chassant du côté de Malesherbes, où il séjourna deux jours.

Cela n'empêcha pas cependant qu'on songeât à le marier avec Marie de Médicis, fille du grand Duc de Florence. Le Roi laissa agir les Négociateurs avec la même indifférence, que s'il n'y eut eu aucune part. Mais lorsqu'on vint lui dire que tout étoit conclu, il fut pendant un quart-d'heure aussi immobile que si la foudre l'eût frappé. Enfin, pour ne pas laisser voir plus long-tems sa foiblesse pour sa nouvelle maîtresse, il dit, puisqu'il faut que je me marie, il faut donc se marier. Il ne songea qu'à en retarder l'exécution. Ce qui rassura un peu la Marquise de Verneuil, car il lui donna
1600. aussi-tôt ce nom. (1) Connoissant qu'elle

(1) Quelques-uns veulent qu'il ne lui donna le Marquisat de Verneuil, que lorsqu'elle

étoit grosse, elle crut même que le Roi en attendoit l'issu pour dégager sa parole ou se déterminer. Mais l'ayant vu partir au mois de Juin pour aller faire la guerre au Duc de Savoye, elle craignit que le Roi près de sa future épouse, ne fit le dernier pas, d'autant qu'on fit courir le bruit qu'il l'épouseroit après la campagne. Tous ses Courtisans l'engagerent à mener malgré cela, sa maîtresse avec lui, il n'en fit rien; le Roi partit le premier, mais la Marquise fut le trouver à Saint André de la Côte. Soit qu'elle fit quelques reproches au Roi, ou qu'elle fût piquée que malgré la promesse qu'il lui avoit faite de ne la point quitter, il se fut avancé si loin: Bassompierre dit que les deux amans se brouillerent au premier abord, mais s'étant raccommodés, le Prince la mena

---

fut grosse du deuxiéme enfant. Verneuil est un très-beau Château près de Senlis-sur-l'Oise, il fut érigé en Duché-Pairie en 1652.

à Grenoble, où il demeura avec elle sept ou huit jours, & ensuite à Chamberri. Sa grossesse, la conjoncture du billet & le mariage conclu faisoient qu'elle tâchoit de ne point perdre le Roi de vue; cependant, il y a lieu de présumer que le Roi n'avoit pas envie de lui tenir parole, quoiqu'il l'aimât éperdument, comme il parut même par l'accident qui lui arriva. Le tonnere étant entré pendant un violent orage dans la chambre de la Marquise, la fit accoucher de frayeur d'un enfant mort. Lorsqu'on en porta la nouvelle au Roi, on connu bien par le saisissement qu'il eut d'abord, combien cette nouvelle lui étoit sensible; car ce n'étoit que dans ces occasions, où il ne pouvoit point cacher qu'il souffroit. La Marquise n'eut point cependant d'autre accident. La joie de sçavoir que c'étoit un garçon, n'y contribua pas peu, parce qu'elle se persuada que quoiqu'il fût mort, le Roi n'en étoit pas moins obligé de lui tenir sa parole. En effet, si S. M. eut été en cette occasion sujette aux Loix, Elle y eut été obligée ; mais il y a de certaines promesses si déraisonnables, qu'elles portent leur dispense d'elles-mêmes.

La Marquise comprit bien que ces plaintes ne serviroient de rien, puisque n'ayant pas le Roi pour elle, elle ne pouvoit rien espérer des Courtisans, qui n'ont d'autres volontés que celles du Maître. Il est inutile de rapporter toutes les plaintes & les reproches qu'elle fit au Roi. Comme on est toujours porté à dire le mal, & que personne n'est moins épargné que celles qui tiennent sa place, c'est peut-être sans raison qu'on rapporte qu'en exigeant cette promesse, elle ne cherchoit qu'une excuse à sa foiblesse : l'on ne peut avoir dit cela que sur des conjonctures, car le Roi ne prit point de témoins pour écrire son entretien, au lieu que la promesse est publique. Elle n'eſt pas la premiere qui après avoir réſiſté opiniâtrement, ait été vaincue par un morceau de papier, ſans lequel jamais cependant elle n'auroit point ſuccombé. La Marquiſe, il eſt vrai, n'étoit pas de condition à ſe flatter d'être Reine, mais auſſi elle pouvoit dire qu'elle étoit trop pour n'être que la maîtreſſe, & qu'elle ne ſeroit pas la premiere qui eût triomphé de l'inégalité d'état; d'ailleurs la promeſſe d'un Roi par écrit, & qu'il ſigna ſelon quelques-uns de ſon propre ſang, paroît quelque choſe de ſi ſacré, que c'eſt un piége bien ſéducteur. La Marquiſe y comptoit ſi fort, qu'elle voulut en faire uſage, quoique le Roi fût marié, comme on verra. Au reſte, elle ſçut bien diſſimuler la haine qu'elle eut dans le cœur depuis ce tems. Comme un Roi trouve toujours le moyen d'appaiſer un ſujet, on ne s'apperçut point dans le monde du réfroidiſſement. La Marquiſe contente de triompher d'une jeune Reine & nouvelle épouse, recevoit avec la même affection les caresses d'un Prince qui lui prouvoit qu'ainsi qu'elle, il étoit esclave du devoir. Car dès que les cérémonies de son mariage furent faites, il vint en poste de Lyon à Paris, d'où il fut à Verneuil, où il resta trois jours.

Le Roi s'empressa à lui prouver que les Rois sont forcés d'accorder quelque chose à leurs sujets & au bien de l'Etat, mais il la rassura sur les craintes qu'elle pouvoit avoir, qu'il ne la sacrifiât à la nouvelle Reine. La suite lui fit voir qu'il ne lui avoit rien dit que de vrai : car la Reine lui demanda toujours en grace qu'il éloignât sa maîtresse de la Cour. Priere à laquelle S. M. fut toujours sourde. Elle la satisfit en tout point, excepté sur celui-là. Les chagrins que le Roi eut à essuyer de la part de sa femme, ne diminuerent point sa passion pour Mademoiselle d'Entragues. Personne n'en put douter, 1602.

V. Reine Marie de Médicis.

lorsqu'on lui vit accorder aux prieres de sa maîtresse, la vie au Comte d'Angouleme, son frere utérin, quoiqu'il ne fut gueres moins coupable que le Maréchal de Biron. Mais les prieres, les larmes d'une maîtresse aimée, font voir les objets bien différens. Il y avoit cependant une raison qui put faire impression sur l'esprit de S. M. sçavoir que le Comte seroit l'oncle des enfans, qu'il auroit de sa maîtresse; qu'ainsi il n'avoit garde de flétrir du dernier supplice un homme qui le touchoit de si près. Ce qui arriva en effet peu après. La Marquise de Verneuil, accoucha au mois d'Août d'un fils que le Roi légitima, peu après sa naissance, & qui fut connu sous le nom d'Henri de Bourbon, Duc de Verneuil, qui d'abord fut Evêque de Metz, & se maria en 1668 à Charlotte Séguier, veuve de Maximilien III. Duc de Sulli; il mourut en 1682.

V. Enfans.

Malgré ces marques de faveur, &

plusieurs autres qu'il est inutile de rapporter, la Marquise n'étoit pas sans inquiétude. N'ayant plus d'espérance de devenir Reine, comme elle se l'étoit follement imaginé, le titre de concubine, lui paroissoit à elle-même méprisable. Elle ne pouvoit s'imaginer que le Roi après lui avoir manqué de parole, ne la sacrifia pas, lorsque le besoin l'exigeroit. D'ailleurs, elle avoit un redoutable ennemi en la personne de Sulli, Ministre d'Henri IV. Elle sçavoit le be- 1603.
soin qu'il avoit de lui, & n'ignoroit pas qu'il ne le mécontenteroit pas pour l'amour d'elle. Pour lui pouvoir tenir tête, elle se lia d'intérêt avec le Comte de Soissons, & plusieurs autres de la premiere qualité. Malgré cela, elle n'y gagna pas davantage. Rosni tenoit toujours ferme, & refusoit souvent ce que le Roi accordoit, sur-tout s'il n'avoit rien écrit. La Marquise ayant tâché d'aigrir le Comte de Soissons contre Rosni, elle

eut le chagrin d'apprendre que le Roi avoit dit lorſqu'il apprit le démêlé. Je ſçais d'où vient la brouillerie, puiſqu'on nomme Madame de Verneuil, *elle a bon bec, elle eſt ſi remplie d'invention, que ſur le moindre mot que Roſni lui aura dit, elle en aura ajouté cent, & même mille.* Le Roi dit ſes paroles ſans doute pour donner quelques ſatisfactions à Roſni ; mais pour appaiſer ſa maîtreſſe, & racheter la paix entr'elle & ſon épouſe, il ordonna à Roſni de lui donner comme ſur-Intendant ſix mille livres, ſomme qu'il eut mieux aimé employer pour entretenir des troupes. « Il le dit dans ſes » Mémoires. Je calculois, rapporte-t-il, » ce qu'Henri dépenſoit chaque année » en bâtimens, pour ſon jeu, pour ſes » maîtreſſes, pour ſes chiens de chaſſe, » & je trouvois qu'il ne s'en alloit pas » en tout cela moins de douze cens » mille écus : ſomme ſuffiſante pour » entretenir 15000 hommes d'infante-

rie.

» ric. Je ne pouvois me taire de le dire » à S. M. » Ces dépenses cependant paroissoient fort modérées ; on doit à la louange d'Henri IV, & de son Ministre que jamais le maître ne se fâcha des remontrances de son serviteur, & que la crainte de perdre son crédit, ne fit jamais taire ce dernier. Je doute qu'on puisse trouver dans l'Histoire un Ministre plus désintéressé, plus zélé pour le bien de l'Etat & pour le service de son maître.

Je reviens à la Marquise, sur qui les présens d'Henri faisoient moins d'impression, que ses paroles. Elle ne lui pardonnoit rien, & ne cherchoit que l'occasion de se venger, que le Roi lui eut préféré une Princesse, pour partager son Diadême. Pour en faire repentir S. M. ou plutôt pour lui donner de nouveaux sujets de chagrin, elle s'unissoit aux mécontens de la Cour ou aux cabalistes, qui étoient les Ducs de Bouillon & de la

Trémouille, qui firent entrer aiſément dans leur parti le Prince de Condé, & les d'Entragues fâchés, diſoient-ils, que le Roi ſous une feinte promeſſe, eut ſéduit leur parente. Non contente de cela, elle faiſoit eſſuyer à S. M. toutes ſes hauteurs, ſes inégalités, ſes caprices. Connoiſſant l'aſcendant qu'elle avoit ſur l'eſprit du Roi, & l'amour qu'il avoit pour elle, elle s'en ſervoit pour le déſeſpérer. Elle ne l'entretenoit, dit Sulli, que de ſes ſcrupules, que de la facilité avec laquelle elle s'étoit rendue à ſes déſirs,
1604. ſcrupules qui l'impatientoient *avec d'autant plus de raiſon qu'il n'ignoroit pas qu'elle les oublioit ſans peine avec des perſonnes d'un aſſez médiocre étage*. Sulli devoit ou s'expliquer davantage, ou n'en pas tant dire. Car je ne crois pas qu'Henri IV eut été d'humeur de ſe contenter en pareil cas du reſte d'autrui, ni qu'il y eut perſonne d'aſſez bas étage pour aller chaſſer ſur les plaiſirs

au Roi publiquement. Sulli parle plus justement en disant que bientôt ils ne se firent plus l'amour qu'en grondant, qu'Henri achetoit fort cherement des faveurs que rien n'assaisonnoit, de ce qui fait le plaisir des cœurs tendres. Cela se prouve par les lettres que nous avons d'Henri IV à sa maîtresse ; nous n'avons pas, je crois, celles qu'elle lui écrivoit, & du stile desquelles il se plaint si amerement, en lui disant qu'elle prend toujours les choses de travers & d'une autre biais qu'il ne l'entendoit. « Il faut lui » écrivoit-il cesser ces brusquettes (mot » qui caracterise bien les caprices d'une » femme) si vous voulez l'entiere » possession de mon cœur. Comme Roi » & comme Gascon, je ne le sçais pas » endurer. Ceux qui aiment parfaite» ment comme moi, veulent être flattés, » non rudoyés. » Il paroît par les paroles suivantes que la Marquise lui promit plus de complaisance sans tenir sa pa-

role. « Vous ne pouvez, disoit-il, après
» lui avoir rappellé la promesse qu'elle
» lui avoit faite d'être sage, douter
» que le stile de votre lettre ne m'ait
» offensé. » Ce n'étoit pas la seule femme qui conspira à ôter au Roi toutes sortes de satisfactions. De retour dans son domestique il en trouvoit une encore bien pire. Je veux dire Marie de Médicis. Elle n'abordoit S. M. que pour lui demander un sacrifice qu'il n'avoit pas la force de lui accorder, & pour qu'Elle lui abandonnât sa rivale pour lui faire sentir tous les effets de sa haine. Malheureusement vers le milieu de cette année, elle apprit la promesse de mariage qu'il avoit faite à sa maîtresse avant qu'il l'épousât. Elle persécuta S. M. pour qu'il la retirât; d'autant qu'elle étoit inutile entre les mains de la Marquise. Il lui promit de la satisfaire. La chose n'étoit pas si facile qu'Henri se l'étoit imaginé. Dès qu'il fit la proposition à la Marquise,

elle lui répondit nettement qu'elle ne la rendroit pas, & cela ſur un ton de maîtreſſe. Le Roi piqué des termes dont elle ſe ſervit, l'accabla de reproches, & s'emporta jusqu'à lui reprocher les bienfaits dont il l'avoit comblée & ſa famille, quoiqu'elle s'en fût rendue indigne par ſes liaiſons avec les ſéditieux. La Marquiſe s'échappa juſqu'à lui dire qu'à meſure qu'il avançoit en âge qu'il devenoit défiant & ſoupçonneux, qu'ainſi il ne lui étoit plus poſſible de vivre avec lui, & qu'elle alloit rompre un commerce qui ne produiſoit pour tout, que la jalouſie & l'indignation publique. Elle expliqua cette jalouſie en termes ſi mépriſans contre la Reine, que le Roi la quitta bruſquement dans la crainte qu'il ne vînt à la ſouffleter comme il le dit. Dès que nos amans ſéparés furent ſeuls, ils agirent bien différemment. Le Roi ſe rappella que les bonnes qualités de ſa maîtreſſe, & fut forcé de convenir qu'il n'auroit pas la force de quitter une femme, qui disoit-il, lorsqu'elle étoit une fois sortie de ses accès de fougues & de caprice, étoit charmante dans le commerce, par l'enjouement de son caractere, par ses reparties pleine d'esprit, de vivacité & de sel. Ainsi ses qualités firent oublier à Henri les ménaces qu'il avoit faites, & ce qu'il y a d'étonnant, c'est qu'il fut obligé pour ramener sa maîtresse, de faire autant de démarches que s'il n'eut été que simple particulier. Il est vrai que les mauvaises humeurs de la Reine y contribuerent. Cette femme au lieu de profiter du moment, pour ramener l'esprit du Roi, & pour l'engager à tenir la promesse qu'il avoit faite, ne fit que le rebuter, & comme elle espéroit triompher de la maîtresse & de l'amant, elle ne travailla pour ainsi dire qu'à se rendre irréconciliable avec S. M. La Marquise fut encore plus maltraitée : la Reine avoit une si grande

averſion pour elle, que jamais elle ne prononçoit ſon nom de ſang froid. Dès que quelqu'uns de ſes Confidens lui en parloient, elle lui donnoit toutes les épithetes qui viennent dans l'eſprit d'une femme offenſée. Son plus grand chagrin étoit de voir que la Marquiſe ſe comparoit ſouvent à elle, & qu'elle élevoit ſes enfans dans le même ſentiment. Cette haine eut dû rendre la Marquiſe plus complaiſante; mais comme elle ſçavoit que la Reine ne l'étoit point que par intervalle, & que S. M. avoit encore plus à ſouffrir d'elle, elle ne la craignoit, ni ne la ménageoit point; d'autant qu'elle n'ignoroit pas, que le Roi répétoit ſouvent que quand même il chaſſeroit ſa maîtreſſe, que la Reine n'en ſeroit pas plus raiſonnable: qu'ainſi il ſe gêne- 1604.
roit ſans profit.

La difficulté que la Marquiſe avoit faite de rendre la promeſſe avoit fait faire des réflexions à S. M. D'autres lui communiquerent les leurs, cela détermina S. M. à l'avoir à quelque prix que ce fût. Il n'eut pas cependant le courage de la lui demander lui-même. Il se servit de Silleri & Rosni pour manier son esprit. La douceur de l'un n'y gagna pas plus que le ton peu courtisan de l'autre. Sulli lui parla de façon à la brouiller sans retour avec S. M. comme il le souhaitoit : il lui fit les plus sanglans reproches. La Marquise lui répondit avec la même fierté, qu'elle ne désiroit rien tant que de rompre son commerce avec le Roi, & pour lui prouver sa sincérité, elle lui dicta une lettre pour qu'il la remît à S. M. & donna un écrit au Baron par lequel elle avouoit qu'il avoit scrupuleusement observé la teneur de ses paroles. Le Baron n'ayant plus d'inquiétude remit la lettre au Roi, qui la lut avec tout le dépit qu'elle devoit lui donner. Il s'écria, « elle le veut, je le souhaite » encore davantage : elle sera prise dans

» ses propres filets » il prit une plume pour lui mander, mais elle lui tomba des mains, & remit à le faire lorsque sa colere seroit passée, lorsqu'elle le fut, il pensa tout autrement, il ne put croire ce qu'il avoit vu, ou du moins excusa assez sa maîtresse pour penser qu'on lui avoit donné sujet de se fâcher. Trois ou quatre jours après le Roi fut à Paris, & courut à son arrivée chez la Marquise. Sa vue fit encore un autre effet, loin de lui faire aucun reproche, il se donna tort lui-même, & blâma sur-tout Rosni. Heureusement que la lettre qu'il avoit arrachée de la Marquise le sauva. Car elle n'auroit pas laissé échapper l'occasion pour perdre un homme qui ne cherchoit qu'à la perdre : mais la ruse de tous deux furent inutiles. Le Roi aimoit son Ministre par nécessité, & sa maîtresse par excès. Il promettoit à l'un & à l'autre sans avoir la force de tenir. Malgré sa promesse, le Roi se reconcilia Avril.

avec ſa maîtreſſe. Cependant elle avoit aſſez d'eſprit pour penſer que l'amour le plus violent ſouvent s'affoiblit par les caprices d'une femme. A l'extérieur elle ne paroiſſoit déſirer autre choſe qu'une entiere rupture ; mais comme elle en craignoit les ſuites, elle ne déſiroit rien moins que de ſe voir abandonnée du Roi. Pour réveiller entierement ſon amour, elle mit en jeu tous les reſſorts dont une femme aimable eſt capable. Elle ne ſe laiſſa plus approcher de S. M. ſous prétexte que tous lui défendoit un commerce qui ne pouvoit plus être excuſé par une promeſſe de mariage, puiſqu'elle n'étoit plus réſolue à tenir celle qu'elle lui avoit faite. En même-tems elle ſe ſervoit ſi à propos de ſes charmes, que ſes refus ne ſervoient qu'à ranimer la paſſion du Roi, qui ne tarda pas d'apprendre que ſa maîtreſſe s'étoit jetté dans la dévotion (1) ſa foibleſſe l'em-

(1) » La Marquiſe choiſit pour ſon Con-

pêcha de connoître, qu'elle ne prenoit ce parti que pour se rendre plus propice la Cour de Rome. Car sur la promesse de mariage qu'elle avoit, elle trouva plusieurs Casuistes qui déciderent que le mariage de S. M. avec M. de Médicis étoit nul. A ces Casuistes se joignirent plusieurs Partisans de la Marquise, du Roi d'Espagne & du Duc de Savoye, qui cabalerent à Rome, pour faire casser le mariage du Roi. Il y avoit sur-tout un Capucin de Grénoble fort ardent à poursuivre cette affaire en Cour de Rome. Pendant ce tems on répandoit dans le public nombre d'écrits, dans lesquels des brouillons prêtoient des raisons aux prétentions chimériques de la Marquise. Il

---

» fesseur, le P. Archange Chanvalon Capucin, » fils, dit Bassompierre, de la Reine Marguerite & de Harlai de Chanvalon, sous » couleur de vouloir être Capucine. Le Con- » fesseur fut le Directeur & le Promoteur de » la conspiration, dont je parlerai. »

y en eut en ſi grandes quantités, que le Roi en eut connoiſſance. Cela lui fit faire des réflexions, mais qui ne le guérirent point de ſa paſſion. Cela ſurprendra ceux qui ne réflechiront pas, que les perfections d'un objet qu'on aime, paroiſſent toujours ſupérieures à ſes défauts, quelques grands qu'ils ſoient. Cependant s'il voulut bien croire la Marquiſe moins coupable qu'elle ne l'étoit, il ne s'aveugla pas de même ſur le Comte d'Auvergne, frere de la Marquiſe. Ses liaiſons avec l'Eſpagne étoient ſi publiques que preſque perſonne ne les ignoroit. Il avoit été un des plus ardens à empêcher la Marquiſe de rendre la promeſſe de mariage; il ſe flattoit qu'elle pouvoit appuyer la prétention qu'il croyoit avoir ſur la Couronne de France, comme fils de Charles IX, quelques-uns croient qu'il avoit à produire quelques diſpoſitions de Charles en ſa faveur, quand même il en eut eu, le Roi d'Eſ-

pagne n'ignoroit pas que les Rois ne sont point les maîtres de disposer de leurs Etats ; mais comme une prétention toute chimérique qu'elle soit, suffit pour produire des révolutions dans un Etat ; Philippe II, pour amuser le Comte d'Auvergne, ne fit point de difficultés de conclure un traité avec lui & la Marquise. Il promettoit au Comte de l'assister de troupes & d'argent, pour mettre le fils de sa sœur sur le Trône. 1604.
Ce fils étoit celui que la Marquise avoit eu d'Henri IV. Le Roi d'Espagne ne fit aucune difficulté de lui donner le titre de Dauphin de France. Le Comte croyoit travailler pour lui en travaillant pour son neveu ; mais heureusement qu'il prit si peu de précautions, que le Roi eut des avis certains de ses brigues avec l'Espagne. Il manda au Comte de le venir trouver, quoiqu'il n'en ignorât pas la cause, il y vint dans l'assurance que sa sœur le retireroit du danger, & que S. M. feroit

plus portée à lui pardonner en se mettant entre ses mains. La chose arriva comme il l'avoit prévue, le Roi se contenta de ses promesses; quoique Morgan Anglois & son homme de confiance eut déposé après avoir été arrêté, tant de choses, qu'elles étoient suffisantes pour faire le procès au Comte, à la Marquise & à son pere. Le Roi ne fit usage des dépositions que pour avoir la promesse, qui lui fut enfin rendue, ou plutôt vendue. Car Henri IV pour la ravoir donna à la Marquise vingt mille écus comptant, & promit au Comte d'Entragues un Bâton de Maréchal, quoiqu'il n'eût jamais été à la guerre. Pour plus grande sûreté, le Roi se la fit rendre en public, & après avoir exigé un écrit qui justifia que c'étoit la véritable promesse & la seule faite par S. M.

Le Comte d'Angoulême compta pour peu de chose que le Roi lui eût fait grace de sa vie une seconde fois. Il recommença ses brigues presque sous les yeux de S. M. mais néanmoins avec plus de précautions. Elles furent inutiles, il laissa tomber entre les mains de Lomenie des lettres qui découvrirent tout le mystere. Il en fut averti assez à propos pour s'évader de la Cour. Il se retira dans l'Auvergne, où il se crut en sûreté. Le Roi ne pouvant l'attirer de nouveau à la Cour par les promesses, mit en jeu le stratagême. Deux faux Confidens du Comte l'ayant engagé à se trouver à la revue des Chevaux-Legers, comme Colonel-Général de la cavalerie, il y fut arrêté par quatre Officiers déguisés en laquais, & conduit aussi-tôt à la Bastille. Les lettres ayant découvert les intrigues de la Marquise & de son pere, ils furent arrêtés en même-tems. La Marquise n'eut cependant pour prison que sa maison qui étoit dans la rue S. Paul : le Roi la mit sous la garde du Chevalier Duguet. Per-

Sept. Nerestan, la Boulage & le Baron de Canillac.

ſonne ne douta, qu'il ſouffroit plus que ſa maîtreſſe. De peur qu'elle ne vînt à ſe chagriner, il ne voulut pas qu'elle doutât un ſeul moment de ſon pardon. Il crut faire faire beaucoup, que de lui faire dire qu'il ne le lui accorderoit qu'aux conditions qu'il lui preſcriroit. Tous les Courtiſans par ordre de S. M. furent la viſiter. Il n'y en avoit point à qui il n'eut fait entendre, qu'ils euſſent ſoin de manier ſi bien ſon eſprit, que la démarche qu'il avoit faite, ne fut point un obſtacle à ſon raccommodement avec elle.

Pendant ce tems S. M. fit inſtruire en toute rigueur le procès du Comte d'Auvergne & d'Entragues. Mais ils furent aſſez heureux pour nier conſtamment le traité fait avec l'Eſpagne, & pour avoir un ami ſur la fidélité duquel ils ſe repoſoient. Cet ami étoit Antoine Chévillard, Tréſorier-Général de la Gendarmerie de France, biſayeul de l'illuſtre Amelot de la Houſſaie. Le

Comte & la Marquiſe lui confierent l'original du traité. Comme il étoit extrêmement lié avec la Marquiſe dont il étoit parent, il fut enveloppé dans ſa diſgrace. Il s'y étoit attendu ſans doute, car il avoit eu la précaution de cacher dans la baſque de ſon pourpoint l'original du traité, avec la ratification de l'Eſpagne. Il fut conduit ainſi à la Baſtille. Voyant qu'on l'y traitoit en criminel d'Etat, pour ôter toute preuve contre lui, il mangea peu à peu, dit Amelot de la Houſſée le traité & la ratification. Quoique le Comte ignorât cela, jamais il ne ſe démentit dans trois interrogatoires qu'il ſubit. Il répondit avec autant de conſtance que s'il eut été innocent. « Meſſieurs, montrez-moi » une ligne d'écriture par laquelle on » puiſſe me convaincre d'avoir traité » avec le Roi d'Eſpagne, ou ſes Agens, » & je vas ſigner au-deſſous, mon Arrêt » de mort & me condamner moi-même à

» être écartelé vif. » Quelque coupable qu'il fut, il étoit si tranquille que sa femme lui ayant fait demander ce qu'il désiroit d'elle, il lui fit réponse, rien autre chose, sinon que vous me fassiez provision de bon fromage & de moutarde, & que vous n'ayez aucune inquiétude.

Le Comte n'étoit pas seul à se reposer sur la fidélité de Chévillard : ses Complices n'y faisoient pas moins fonds. Le Roi crut qu'une femme garderoit moins le sécret, à ce dessein il envoya Rosni à la Marquise pour l'entendre sur toutes les choses dont on l'accusoit; pour qu'elle lui avouât sa faute & l'exhorter d'en demander pardon à un Prince qui le lui avoit déja accordé. Rosni obéit à S. M. La Marquise lui fit sentir que son humiliation ne lui avoit rien fait perdre de sa fierté. Sous prétexte d'une fluxion, elle lui fit fermer la porte la premiere fois qu'il fut chez elle. Lorsqu'il y retourna une seconde fois, elle lui fit perdre d'abord toute espérance de rien gagner sur elle. Loin de s'accuser & de demander grace, elle ne fit que des plaintes contre S. M. « Je ne me soucie » point, dit-elle de mourir, au contraire » je le désire; mais si le Roi coopére à ma » mort, on dira toujours qu'il aura fait » mourir sa femme, & que je suis Reine » avant l'autre. » De qui elle disoit, que si on lui faisoit justice, elle tiendroit la place de cette grosse banquiere, c'étoit le nom injurieux qu'elle donnoit souvent à Marie de Médicis. Sulli lui reprocha ses liaisons avec les ennemis de l'Etat. Elle lui répondit qu'elle ne demandoit au Roi que trois choses; une justice pour elle, un pardon pour son pere, une corde pour son frere.... Sulli après l'avoir accablée de reproches sur sa conduite envers le Roi & la Reine, s'adoucit un peu, & lui demanda ce qu'elle désiroit de S. M. elle lui répondit fierement si Elle a encore quelques bons désirs, vous vous y opposeriez. Au reste je lui demanderoit qu'il me soit permis de me bannir avec mon pere, ma mere, mon frere & mes enfans du Royaume. Mon frere sur-tout ne souffre qu'à cause de l'amitié qu'il a pour moi. Au surplus ajouta-t-elle qu'on ne compte pas qu'en me bannissant du Royaume, je veuille donner à la Reine la satisfaction de me voir traîner une vie malheureuse, il faut avant, que le Roi m'accorde un fonds de terre de cent mille livres au moins, c'est peu après tout ce que j'ai pu me promettre légitimement de S. M. Sulli rapporta cet entretien à S. M, à qui l'on avoit déja rapporté, dit Bassompierre, qu'il y avoit un Prince qui l'épouseroit si elle se trouvoit avoir cent mille écus. Le Roi le dit à Sulli, qui l'empêcha de se défaire de sa maîtresse à ce prix. Bassompierre continue que de Bellievre ayant entendu

que Sulli avoit répondu qu'il étoit bien aisé de nommer cent mille écus, mais difficile de les trouver, répliqua à S. M.
» Sire donnez-en deux cens mille beaux, 1604.
» à cette belle Damoiselle & trois cens » mille & tout si à moins ne se peut, » & c'est mon avis, que le Roi se re» pentit depuis, de n'avoir pas suivi. » Si Sulli empêcha cet établissement, il mit en usage les discours les plus pathétiques pour engager Henri à ne jamais revoir sa maîtresse. Il la diffama dans son esprit autant qu'il put, en donnant les couleurs les plus noires à ses actions les plus indifférentes. Il n'oublia pas sur-tout, que lorsqu'on avoit inventorié les papiers de la Marquise, on avoit trouvé force petits poulets amoureux, entr'autres de Sigogne un des Confidens du Roi. Le Prince exhala tout son chagrin contre lui, en le bannissant de la Cour. Pour ce qui regardoit la Marquise, le Roi comptoit tant sur son cœur, que

tout ce qu'on lui disoit sur de prétendus rivaux ne fit jamais sur lui que quelques légeres impressions.

La Marquise eût été plus réservée si elle eût moins compté sur le cœur du Roi. Peut-être aussi ne le faisoit-elle, que pour exciter la jalousie de ce Prince, qu'elle sçavoit ne lui être pas des plus fidéles. Sur-tout elle n'ignoroit pas qu'il avoit cherché à mettre sa sœur en sa place. Si nous en croyons Vittorio Siri, il dit que d'Entragues se servit de la passion de ce Prince pour sa seconde fille, pour exécuter le projet qu'il avoit formé d'ôter la vie au Roi. Quoique ce dessein dont Siri est le seul qui ait parlé, soit tout chimérique, je vais rapporter ce qu'il en dit, non pour qu'on y ajoute foi, mais pour qu'on n'ignore pas que les écrivains les plus célebres souvent pour égayer le sujet, rapportent des faits qui ne sont fondés que sur la foi de quelques bruits populaires.

D'Entragues, dit-il, se chargea d'ôter la vie à S. M. dans une embuscade : pour l'y attaquer, il envoya sa femme enlever sa fille qui étoit à Fontainebleau, comme il s'étoit apperçu que le Prince avoit pris depuis quelque tems de l'amour pour elle, étant beaucoup plus belle que sa sœur ; il ne douta point que le Roi ne s'exposât à tout pour venir la trouver à Malesherbes, qui n'est qu'à trois lieues de Fontainebleau. En effet le Roi lui envoya plusieurs messagers, auxquels la Demoiselle répondit qu'elle étoit observée de si près, que le Roi ne pourroit l'avoir. Malgré cela S. M. y fut suivie du seul Bassompierre (si cela étoit ce Maréchal en eut parlé dans ses Mémoires) la crainte d'être reconnue, fit qu'elle se contenta de lui parler à travers les fenêtres, là ils se donnerent rendez-vous dans une prairie, où S. M. promis de se trouver déguisé. D'Entragues informé du tout, laissa soupçonner à sa fille quelque chose de son dessein. Soit par amour pour le Roi, ou par la crainte des suites, elle rompit la partie & prit des précautions contre les dangers auxquels Henri étoit exposé à son sujet, il se rebutoit des obstacles, se renflamma pour la Marquise de Verneuil.

Si cette anecdote est fausse elle ne peut mieux être inventée pour apprendre aux Grands, combien ils exposent leur personne en allant déguisés aux rendez-vous amoureux. Car que d'Entragues eût tué le Prince, le trouvant séduisant sa fille, n'eût-il pas eu la justice en sa faveur, tout exécrable que fut son dessein? Et le public n'eut-il pas plutôt blâmé le Prince que le pere. Si nous en croyons Siri, S. M. courut les mêmes dangers avec la Marquise. Un jour entr'autre, dit-il, le Roi parti déguisé de Fontainebleau pour aller voir sa maîtresse à Verneuil. Il pensa tomber entre

les

les mains de ſeize des parens de d'Entragues qui l'attendoient dans la campagne pour l'aſſaſſiner. Il n'échappa que par un bonheur inespéré. Seize perſonnes ſont trop pour pouvoir garder le ſécret. Il n'y a de vrai dans cette anecdote que la paſſion du Roi pour la ſeconde Demoiſelle d'Entragues. On croit que le Roi l'a célébrée ſous le nom de Liſe, & que c'eſt d'elle qu'il veut parler dans une piéce de vers, qui commence par ces vers :

Je ne ſçai par où commencer
A louer votre grande beauté.

Quoique le Roi ne pût ſe réſoudre à laiſſer ſortir ſa Maîtreſſe de France, il ne 1605.
laiſſoit pas néanmoins de faire inſtruire ſon Procès & celui des deux autres criminels. Après bien des procédures, le Parlement prononça au commencement de 1605 un Arrêt qui condamnoit le Comte d'Angoulême & le Comte d'Entragues, ſon beau-pere, à avoir la tête

tranchée, & la Marquise à être renfermée à perpétuité dans un couvent. Le Parlement envoya l'Arrêt à Sa Majesté, avant que de le signifier aux criminels. Le Roi ne fut pas assez maître de lui-même pour cacher son chagrin, lorsqu'il vint à l'article de la Marquise. Les courtisans s'apperçurent bien qu'il ne pouvoit se résoudre à la perdre; comme ils n'attendoient que cela pour se décider, ils parlerent tous en la faveur de la Marquise, au grand mécontentement de la Reine, à qui la plûpart avoient fait promesse de contribuer à sa perte. Tous ne firent que feindre, tant auprès du Roi que de la Reine & de la Marquise. Le Roi envoya à celle-ci plusieurs de ces courtisans pour lui prononcer son Arrêt, & pour sçavoir ce que ce traitement feroit sur son esprit; mais ils le firent d'une maniere à lui faire connoître que le Roi attendoit grace aussi-tôt d'elle, qu'elle de Sa Majesté. Cependant lorsqu'elle apprit que

1605.

ſon pere & ſon frere étoient condamnés à mourir, & qu'elle ſe rappella que les ſervices du Maréchal de Biron n'avoient pû lui ſauver la vie, elle ne put cacher ſa crainte : elle comprit combien elle avoit beſoin de mettre en jeu ſes charmes & ſer prieres pour fléchir le Roi, non pour elle, car elle étoit perſuadée, auſſi-bien que le public, qu'elle avoit toujours trouvé grace. Les courtiſans firent un rapport favorable à Sa Majeſté ; ils l'aſſurerent qu'il la trouveroit fort ſoumiſe. Sans autres preuves il les crut, & ne put ſe priver du plaiſir de lui annoncer qu'il lui accordoit une grace entiere aux conditions qu'elle voudroit. Celle qu'elle y mit, fut qu'il l'étendît juſques ſur ſon frere & ſon pere. Au grand étonnement du public, le Roi ſe rendit à ſes larmes. Il conſentit de commuer la peine du Comte d'Angoulême en une priſon perpétuelle, (1)

(1) Baſſompierre ajoute deux raiſons qui en-

& celle de son pere en un exil dans ses terres. Cependant pour appaiser un peu la Reine, le Roi fit un doux commandement à sa Maîtresse de se retirer à Verneuil, où il eut grand soin qu'elle ne

» gagerent le Roi à lui faire grace. La pre-
» miere, fut qu'il estimoit fort Madame d'An-
» goulême, & que ce fut en considération
» de ses instances. L'autre étoit que Henri III.
» n'avoit recommandé en mourant à Henri IV.
» que le Comte d'Angoulême & M. le Grand.
» (Bellegarde, Grand Ecuyer,) & que ce
» Prince ne vouloit pas qu'il fût dit qu'il eût
» fait mourir un homme, que celui qui lui
» avoit laissé le Royaume, lui avoit si affection-
» nément recommandé. Le Comte d'Auvergne
» resta à la Bastille jusqu'en 1614 que la Ré-
» gente le fit sortir. En 1644 il épousa en se-
» condes nôces, quoiqu'âgé de 71 ans, Fran-
» çoise de Nargonne, qui ne mourut qu'en
» 1713, âgée de 92. Par un exemple singulier
» on vit une brue mourir près de 140 ans
» après son beau-pere. Charles IX. étoit mort
» en 1575.

s'ennuyât point. Sept mois, dit Perefixe, s'étant écoulés, sans que le Procureur Général eût trouvé aucune preuve contr'elle, le Roi la fit déclarer entierement innocente du crime dont elle avoit été accusée; & pour lui prouver combien il lui sçavoit gré de s'être corrigée de ses caprices, il la dispensa de se présenter au Parlement pour y faire enregistrer ses lettres d'abolition. Elles furent enthérinées le 6 Septembre, au grand contentement de nos amans, qui craignoient que la Reine ne fût en état un jour de faire revivre cette Sentence. Le Roi donna pendant ce tems une nouvelle preuve de sa tendresse pour la Marquise. Le Comte d'Auvergne s'ennuyoit fort de son séjour à la Bastille, & avec raison. Son beau-pere trouva le moyen de lui communiquer qu'il n'étoit gueres plus content, & qu'il étoit possible d'adoucir leur sort en tâchant de s'évader du Royaume : la chose étoit facile à d'Entragues; pour le Comte, il falloit y refléchir plus d'une fois. Comme la captivité donne de l'esprit, il fit dire à son beau-pere que s'il vouloit favoriser son évasion, qu'elle seroit facile. Le Comte y consentit, & fit toutes les machines nécessaires. Avant que d'en pouvoir faire usage, il fut vendu par un nommé Cordier. Sur son rapport, le Grand-Prévôt fut faire une visite dans les bois de Malesherbes, où il trouva effectivement des poulies, des cordes, &c. Le Roi se mit fort en colere à cette nouvelle, il fit de nouveau arrêter d'Entragues, & lui fit subir un interrogatoire chez lui; mais il en fut quitte pour cela, & l'on se contenta d'en croire le Comte sur sa simple parole, & les témoins que Cordier avoit produits qui déposerent n'avoir connoissance de rien.

Malgré ces marques d'amitié non-équivoques, la Marquise ne tarda pas à s'appercevoir que l'absence est le tombeau de l'amour, & que rien ne contribue tant à nous faire oublier ce que nous aimons, qu'un nouvel objet. Ce nouvel objet étoit Jacqueline du Beuil, fille qui avoit une phisionomie fine & spirituelle, une humeur extrêmement gaie & une conversation pleine d'enjouement. Henri IV. la vit plusieurs fois sans y faire attention, parce qu'elle étoit moins belle que la Marquise; mais ceux qui la produisoient, lui ayant fait développer ses graces, le Roi en devint fort amoureux, & tâcha de faire revivre en elle l'amour, dit l'étoile, qui étoit comme éteint en sa Marquise. Celle-ci s'en apperçut & s'en plaignit fort au Roi, qui après longtems s'être excusé, ne put lui cacher par les bienfaits qu'il faisoit à sa nouvelle Maîtresse, l'amour qu'il avoit pour elle, au lieu de chercher à la supplanter par des caresses, elle fit essuyer de nouveau au Roi tous ses caprices. Il y étoit encore si attaché, qu'on a des lettres en date du mois d'Octobre 1607, où il se plaint amerement

Jacqueline du Beuil, aimée de Henri IV.

des chagrins qu'elle lui causoit, & de ceux qu'il avoit à essuyer de la part de la Reine au sujet de la Marquise. Ces brouilleries devinrent à un point qu'elles mirent une entiere division entre le mari & la femme, l'amant & la maîtresse. Malgré cela, ils se voyoient, quoique ce ne fût que pour se gronder. Henri IV avoit un foible pour la Marquise si grand, qu'on ne peut l'attribuer qu'à quelque cause secrette : ce qui arriva l'année suivante le prouve.

1608. Depuis long-tems le Prince de Joinville s'étoit laissé prendre aux charmes de la Marquise, qui d'abord ne le désespéra point. Ils s'écrivirent des lettres fort passionnées : croyant réciproquement qu'ils s'aimoient, le Prince crut qu'elle ne lui refuseroit rien, & la Marquise pensa la même chose. Pour mettre fin aux desirs du Prince, elle lui proposa de l'épouser, le Prince encore plus étourdi qu'amoureux, y consentit; mais comme la Marquise ne ſe fioit plus aux promeſſes, & qu'elle en vouloit voir l'effet, elle n'accorda rien au Prince qui pût ne lui faire plus rien deſirer : ce qui le rebuta d'autant plus aiſément, que Madame de Villars lui parut trop belle pour ne pas devenir infidele. Pendant que cette intrigue avoit duré, le Prince & la Marquiſe s'étoient ſi peu cachés, que cela devint la nouvelle de la Cour ; & que, comme c'eſt l'ordinaire, on tâcha de faire croire que les choſes avoient été fort loin. Ceux qui répandoient ces bruits, vouloient qu'ils vinſſent juſqu'à Sa Majeſté. En effet, elle en apprit quelque choſe : le Roi eut de la peine d'y ajouter foi. Il ſe contenta d'écrire à Sulli, qu'il avertît la Marquiſe, comme ſon ami particulier, qu'elle étoit à la veille de perdre ſes bonnes graces, ſi elle ne ſe comportoit avec plus de prudence; que ſi cela arrivoit, qu'il lui ôteroit ſes enfans, & la confineroit dans un cloître. Il lui dit de plus de lui rappeller les sujets de mécontentement qu'il avoit d'elle, sçavoir, ses indignes procédés envers la Reine; qu'elle ne l'aimoit plus, qu'elle lui en préféroit d'autres, qu'elle cherchoit à s'appuyer de la maison de Lorraine; qu'elle entretenoit toujours commerce avec son pere & son frere. Voilà ce qui m'éloigne d'elle, ainsi tâchez par industrie ou par bonheur qu'elle se change sur tout cela, pour que je sois en repos. Ses remontrances engagerent probablement la Marquise à rompre avec le Prince de Joinville, d'autant qu'elle s'apperçut qu'il ne cherchoit qu'à faire une dupe. D'ailleurs ces remontrances lui firent juger qu'elle tenoit encore le Roi dans ses filets plus que ne faisoient ses deux rivales, sçavoir, la Comtesse de Moret & Mademoiselle des Essarts. En effet, le Roi ne souffroit point qu'elles prissent publiquement le titre de Maîtresse. Il ne le donna ouvertement qu'à la Duchesse de

Beaufort & à la Marquiſe, & ne légitima que les huit enfans qu'il eut d'elles.

Hipolite d'Eſtrées.

Madame de Villars n'avoit cherché à mettre dans ſes filets le Prince de Joinville que pour perdre la Marquiſe, ſa mortelle ennemie; mais dans le même tems qu'elle lui inſpiroit le plus d'amour, elle le déſeſpéroit par ſes rigueurs. Enfin, elle lui en dit la cauſe, & lui dit qu'elle ne pouvoit ſe fier à ſes ſermens, après le commerce qu'il avoit eu avec une perſonne auſſi belle & auſſi ſpirituelle que la Marquiſe. Joinville s'excuſa en termes ordinaires : enfin pour lui prouver qu'il lui donnoit la préférence, il lui fit le ſacrifice d'une fameuſe lettre qu'il diſoit avoir de la Marquiſe. Ce qu'il y a de plaiſant, dit Sulli, c'eſt qu'il eſt fort douteux que cette fameuſe lettre, qu'il ſe faiſoit ſi fort prier de montrer, il l'eut reçue effectivement de Madame de Verneuil. Vraie ou fauſſe, car peu importoit à

Madame de Villars, elle fut la porter à Sa Majeſté, qui à cette vue, entra dans une colere ſi grande, que Roſni pour l'appaiſer, lui dit qu'il falloit, avant de la condamner, l'entendre. *C'eſt un ſi bon bec*, reprit Henri, *que ſi je la laiſſe dire, j'aurai encore tort, & elle raiſon.* Il ſortit auſſi-tôt fort irrité, & de là fut chez la Marquiſe, qui ſans s'effrayer nia avoir écrit la lettre. Le Roi s'appaiſa auſſi tôt; ce que voyant la Marquiſe, elle propoſa au Roi de prendre Roſni pour juge. Ce qui me fait croire qu'elle étoit ſûre du fait, car elle n'eut pas pris pour arbitre un homme en qui elle n'avoit point de confiance, & qui n'avoit pas trop d'eſtime pour elle; homme d'ailleurs le moins propre à flatter quelqu'un aux dépens de la vérité, & à ſoutenir une favorite du Prince.

Roſni examina les piéces en préſence
1608. de Sa Majeſté, qui conteſta beaucoup, & de la Marquiſe qui pleura fort. La fin

de la ſcène, dit-il, fut que le Roi s'en retourna très-bien remis avec ſa Maîtreſſe. Baſſompierre dit que le Roi ſe raccommoda avec la Marquiſe, ſur ce que M. le Duc d'Aiguillon amena au Roi un Clerc de Bigot, qui confeſſa avoir contrefait ces lettres, & que le Prince de Joinville fut banni. Ce ne fut point pour ce ſeul ſujet, & Sulli mieux inſtruit encore que Baſſompierre, dit que quelque rolle qu'eût joué Joinville, il fut fort heureux d'avoir affaire à Henri IV. d'autant qu'il entra incontinent après dans une autre intrigue. Cet incontinent prouve que Sulli a eu raiſon de placer l'époque de la premiere intrigue en 1608, non en 1603, d'autant que ce n'eſt qu'en 1608 que le Prince de Joinville fut chaſſé de la Cour pour ſes intrigues avec la Comteſſe de Moret, à qui il avoit fait une promeſſe de mariage. Comme le Roi lui dit de l'épouſer, il répondit que Sa Majeſté exceptée, il n'y avoit

Gentilhomme ou autre, de quelque qualité qu'il ſoit, auquel lui tenant ce langage, il ne ſauta à deux pieds ſur ſes épaules. Le Roi donna ordre qu'on l'arrêtât, mais Guiſe le prévint en ſe ſauvant hors du Royaume, où il ne revint qu'après la mort de Henri IV. La Marquiſe de Verneuil fut une des plus ardentes à empêcher ſon rappel.

Rien ne contribua tant à empêcher le Roi de rompre entierement avec a Marquiſe, que l'amitié qu'il avoit pour ſes enfans, auſſi-bien que la tendreſſe que la Marquiſe avoit pour eux. L'Evêché de Metz étant venu à vaquer, ils ſongerent à le faire tomber au Marquis de Verneuil. Le Chapitre de Metz le nomma volontiers, mais Paul V. ne voulut point lui accorder la diſpenſe d'âge. La Marquiſe engagea le Roi d'envoyer le Duc de Nevers à Rome rendre l'obédience ; mais tout ce qu'il put obtenir fut une expectative, & que le petit Prince

pourroit dès-lors prendre le titre d'Evêque de Metz. Le reste de l'année se passa assez en paix entre le Roi & la Marquise. 1609.
La suivante excita des jalousies ; le sujet fut l'amour que le Roi prit pour Charlotte de Montmorenci, que le Roi fit épouser au Prince de Condé. La Marquise à ce sujet dit que le Roi avoit fait ce mariage pour abaisser le cœur au Prince de Condé, & lui hausser la tête. Le même auteur, qui est celui des Mémoires pour servir à l'histoire de France, Ecrivain fort satyrique, lui fait dire un autre bon mot plus libre. « On disoit, » rapporte-t-il, que la Marquise de Verneuil, qui parle ordinairement au » Roi comme à son valet, non comme » à son Maître, lui avoit dit, bouffonnant sur l'amour qu'il avoit pour la » Princesse de Condé : n'êtes-vous pas » bien méchant de vouloir coucher avec » la femme de votre fils, car vous sçavez » bien que vous m'avez dit qu'il l'étoit. »

Tout le monde ſçait l'éclat que le Prince de Condé fit au ſujet de cette paſſion.
1610. L'année 1610 mit le comble au chagrin de la Marquiſe. Le Roi ne ceſſa de lui parler des preſſentimens qu'il avoit d'une mort prochaine. La Marquiſe qui prévoyoit ce qu'elle perdroit, & qui avoit tout à craindre du reſſentiment de la Reine, traitoit, pour ainſi dire, le Roi de radoteur, ſur-tout lorſqu'il lui parloit d'horoſcope & d'autres choſes ſemblables. La Marquiſe eut encore plus craint ce fatal moment, ſi elle l'eût cru ſi proche, & ſi elle en eût prévu les ſuites. Le Roi, comme on ſçait, fut aſſaſſiné le 14 Mai par Ravaillac. A cette nouvelle, la Marquiſe fut ſaiſie d'une ſi grande frayeur qu'elle reſta comme immobile. Elle n'étoit pas encore remiſe, qu'elle apprit qu'on la chargeoit d'avoir coopéré à cet aſſaſſinat, quoique perſonne ne dût plus le craindre qu'elle. Celle qui la chargeoit, fut la Demoiſelle Deſcoman, qui dépoſa

avoir été instruite des desseins de Ravaillac, par Charlotte du Tillet, fille-de-chambre & confidente de la Marquise. Si on l'en croit, cet assassinat fut comploté par la Reine, la Marquise, le Duc d'Epernon & plusieurs. Je puis bien assurer qu'il suffisoit que la Marquise fut d'un sentiment, pour que la Reine sans autre raison prît le contraire. En un mot, les personnes que la Descoman nomma, non-seulement n'avoient aucune liaison d'amitié ni d'intérêts entr'elles, mais elles étoient ennemies déclarées.

La Descoman donna cependant tant de preuves apparentes, & mena ses Juges par tant de détours, qu'elle les occupa pendant plus d'une année. Sa plus grande étoit que tous ceux à qui elle s'étoit présentée pour découvrir ce qu'elle sçavoit, n'avoient pas voulu l'entendre, même le Roi & la Reine. Outre les personnes de la premiere considération qu'elle chargea, elle accusa si spécialement plusieurs personnes attachées à la Marquise, que le Parlement fit arrêter Charlotte du Tillet, sa sœur, Sauvage, valet-de-chambre du pere de la Marquise, & Jacques Gaudin. Le Dimanche 30 Janvier la Marquise fut décretée d'un assigné pour être ouie. Elle se rendit chez le Premier Président à cet effet, qui après l'avoir entendue depuis une heure après midi jusqu'à cinq heures, la renvoya au grand étonnement de plusieurs, qui disoient qu'étant accusée de l'assassinat du Roi & de crime de leze-Majesté au premier chef, on devoit s'assurer d'elle. Mais pour montrer la justice de la conduite du Parlement, je vais rapporter ce que dit de la Dénonciatrice le Mercure François de la même année, ouvrage fait par un auteur désintéressé, & justement loué par sa probité & sa bonne foi; il y prouve que la Descoman étoit une femme décriée par sa vie libertine; qu'elle avoit été enfermée à l'Hôtel-Dieu & ensuite au Châtelet, qui avoit rendu une Sentence de mort contr'elle; qu'elle inventa cette calomnie pour s'ouvrir une entrée, & se faire un mérite auprès de la Reine Marguerite; qu'elle accusa la Marquise de Verneuil de lui avoir adressé Ravaillac avec une lettre pour la faire parler à la du Tillet, & celle-ci d'avoir fait entrer ce meurtrier dans sa chambre, lorsqu'elles y étoient toutes deux. Sur ce seul fait, elle fut convaincue de n'avoir jamais vu Ravaillac, & de ne l'avoir entendu parler, que lorsqu'on le conduisit à la Conciergerie où elle étoit. L'auteur prouve par ses propres paroles que Gaudin dans la confrontation la démentit en tout, sans qu'elle pût répondre, & que tous ceux à qui on la confronta, la convainquirent de fausseté, de fourbe & de calomnie. En conséquence, le Parlement donna le 31 Juillet un Arrêt définitif, qui déclare la Marquise de Verneuil, les

Demoiselles du Tillet, Gaudin & Sauvage, purs & innocens de l'assassinat de Henri IV. & condamne la Demoiselle Descoman à une prison perpétuelle, à perdre ses biens sans réparation. La douceur de cet Arrêt envers la Descoman fit dire que les autres n'étoient donc pas si innocens ; mais quoique cet Arrêt ait paru si blâmable à l'Etoile, cela n'a pas empêché l'Historien de Marie de Medicis & de Louis XIII. de le justifier. Cet auguste compagnie, dit-il, l'eût fait mourir par le feu à la vue de tout le monde, si la fausse accusation eût été d'un autre genre ; mais où il s'agit de la vie des Rois, la crainte qu'on a de fermer la porte aux avis qu'on peut donner à ce sujet, fait qu'on se dispense de la rigueur des Loix. Cette réflexion est très-juste. Les Mémoires de la Régence de M. de Medicis disent qu'on ne la fit pas mourir, parce qu'on ne trouva pas assez de fondement, & qu'elle pallia si bien ſes diſcours, qu'elle ſoutint toujours ſes accuſations d'une manierre fort reſolue. Enfin, il eſt aujourd'hui clairement démontré que Ravaillaç ne donna jamais lieu de ſoupçonner la Marquiſé, & que c'eſt une calomnie inventée à plaiſir, que la ſuppoſition du parti que la Marquiſe conduiſoit à cet effet. Jamais elle n'eut aucune relation avec les Officiers de la maiſon de la Reine; cependant pour ne point cacher au Lecteur ce qui paroît être contre la Marquiſe, je vais rapporter ce que dit l'Etoile au ſujet du Prévôt de Pluvier accuſé d'avoir dit le même jour que le Roi fut tué; aujourd'hui le Roi eſt tué ou bleſſé. « Cet » homme mal famé & renommé par-tout » & qui avoit deux fils Jéſuites, paſſoit » pour un très-mauvais ſerviteur, mais » très-bon de la maiſon d'Entragues & de » la Marquiſe de Verneuil, étant veillé & » guetté pour le ſujet que j'ai dit, fut » finalement attrapé & conduit priſon-

» nier à Paris en la Conciergerie du Pa-
» lais, où on fut tout ébahi que peu après
» on le trouva mort, & disoit-on qu'il
» s'étoit étranglé avec les cordons de son
» caleçon. La Cour de Parlement ne
» laissa pas de lui faire doublement son
» procès criminel.... Mais au bout un
» homme mort ne parle point : ce qui étoit
» ce qu'on demandoit; car s'il eut parlé,
» il en eût dit trop pour l'honneur &
» profit de beaucoup. C'est pourquoi on
» a eu opinoin de ces pieds-plats de
» Beaucerons, qui par-tout à Pluviers
» vont disant que la mort de ce méchant
» homme avenue bien à point pour M.
» d'Entragues, la Marquise de Verneuil
» & tous ceux de sa maison. » Ce sont là de ces bruits populaires, qui ne flétriroient pas même la réputation d'un particulier, & qu'un Ecrivain souvent ne ramasse que pour remplir les pages, ou faire voir qu'il n'ignore de rien.

Au reste, la mort de Henri IV. borna

la fortune de la Marquise. Quoiqu'elle eut bien des défauts, elle eut toujours mille ressources dans l'esprit pour faire durer la passion du Roi. Ses plus grandes furent l'agrément, l'enjouement : sans être coquete, elle mit en usage pour animer, irriter la passion de son amant, tout ce que la coquetterie la plus rafinée peut suggérer. Elle étoit la seule qui ne put rien gagner à la mort de Henri IV. & qui pût risquer beaucoup, la Reine étant son ennemie; mais lorsq'elle ne fut plus redoutable, elle n'en trouva plus, personne ne lui porta alors envie. La Marquise eut la prudence de ne plus se montrer sur un si grand théâtre, elle jouit tranquillement de sa fortune, en consacra une partie à Dieu, en fondant les Couvens des Filles-Bleues de Paris. Elle mourut en 1633, ayant depuis long-tems reconnu le néant de ce monde, & donné à Dieu les dernieres années d'une vie qui auroit dû lui être entierement

Le 9 Février.

consacrée. Elle ne laissoit plus qu'un enfant, sçavoir, le Duc de Verneuil, mort en 1682; sa fille Gabrielle-Angélique, qui avoit épousé le Duc d'Epernon, étoit morte en 1627.

Fin du deuxieme Volume.

TABLE

De ce qui eſt contenu dans le ſecond Volume.

MARIE-MARGUERITE D'AUBRAY, Marquiſe de Brinvilliers, page 1

Françoiſe de Foix, Comteſſe de Châteaubriand, 36

Catherine de Médicis, 52

Eliſabeth de France, 196

Gabrielle d'Eſtrées, 212

Henrieette de Balſac, Ducheſſe de Verneuil, 275

Fin de la Table du ſecond Volume.

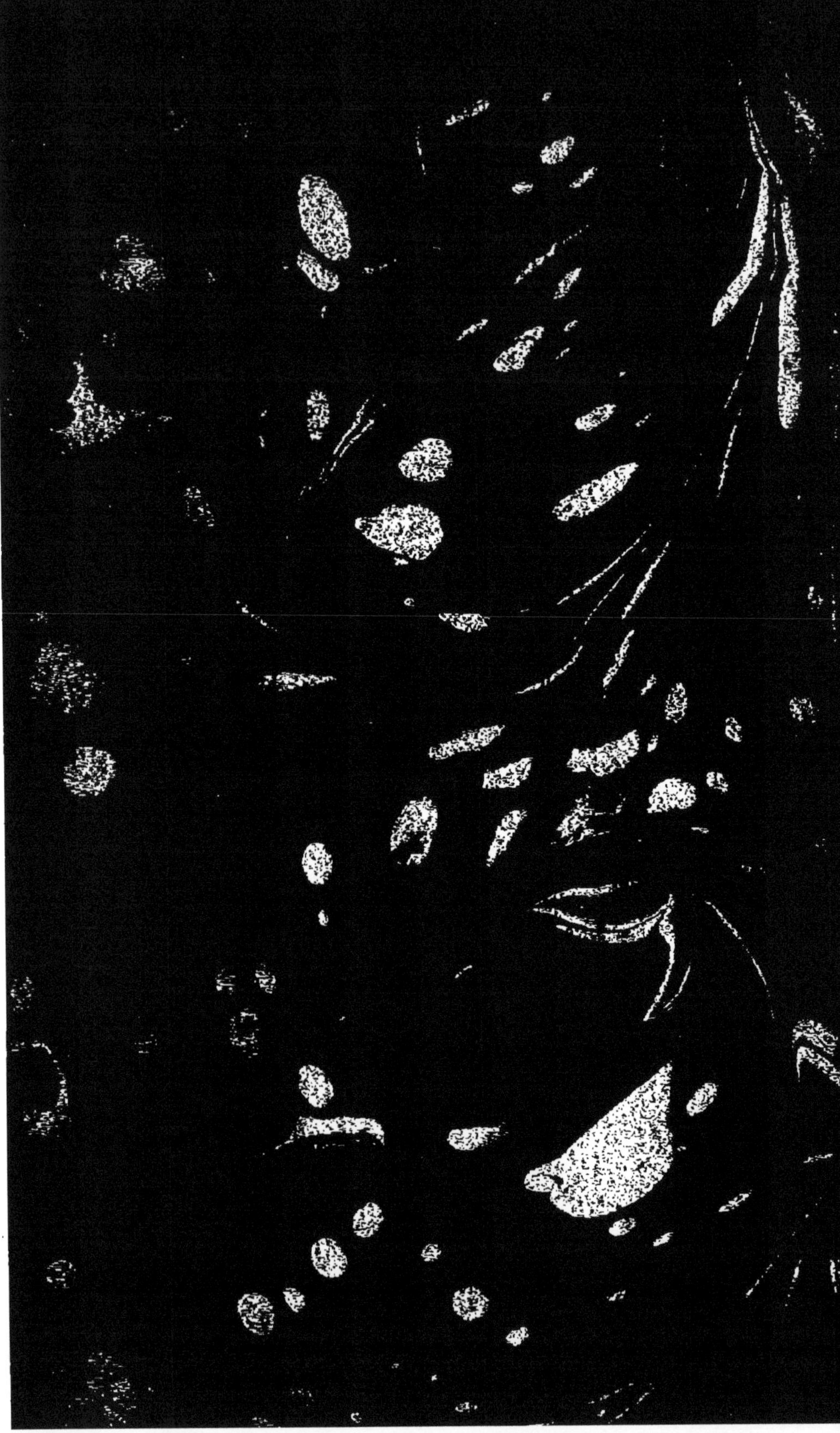

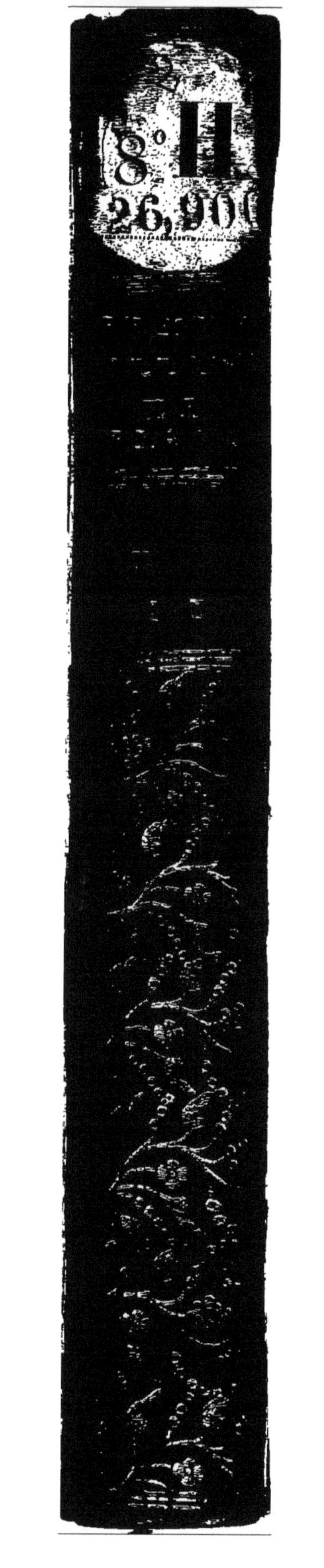
8° H
26,900

www.ingramcontent.com/pod-product-compliance
Ingram Content Group UK Ltd.
Pitfield, Milton Keynes, MK11 3LW, UK
UKHW020305230726
13925UKWH00001B/225